緊急出版

# 日経平均4万円時代
# 最強株に投資せよ!

国際エコノミスト
今井 澂

フォレスト出版

# はじめに

アメリカの大統領選挙の前には、増税の公約を掲げたバイデン氏が当選すればアメリカの株価は下がるという予想がありました。ところが、実際にバイデン大統領が誕生すると、アメリカの株価はさらに上昇しました。しかも、その上昇の勢いはまだ止まりません。

というのはまず、2021年3月11日にバイデン政権が「アメリカ救済計画」と呼ばれる新型コロナウイルス経済対策法を成立させたからです。これは1・9兆ドル（約200兆円）規模の大型予算なのですが、そのなかで「個人・家計向け支援」が1兆ドルを占めています。つまり、1兆ドルのうちのかなりの資金が株式市場に流れ込むはずです。

また、FRB、ECB、日本銀行の3大中央銀行も、これまでの金融緩和をやめる気配はなく、景気回復の力が弱いと見ればむしろどんどんお金を出していきます。

さらに3月31日、バイデン大統領は、今後8年でインフラや研究開発などにおよそ2兆ドルを投じるという構想を表明しました。こちらは「アメリカ雇用計画」と名付けられていて、内訳は運輸関連に6200億ドル、各家庭での生活向上に6500億ドル、アメリカの製造業強化に5800億ドル、高齢者と障害者の介護向上に4000億ドルとなっています。

この法案も共和党の意向を取り入れるなどして多少の修正があったとしても、強硬な反対派はいないため、夏までには連邦議会で可決できる可能性が高いでしょう。そうした見通しも一段と株価を押し上げていくわけです。

アメリカの株価が上がれば、連動して日本をはじめ世界の株価も上がっていきます。トランプ前大統領は、アメリカの株価が上がるたびにツイッターでそのことを自分の手柄だと吹聴していたのですが、バイデン大統領は何もいわないため、一般の人たちはアメリカの株価上昇の勢いに気が付きにくいかもしれません。

本書ではほかにも株価が上昇する要因をいくつも取り上げています。要するに、世界の株価が上昇しないほうがおかしいくらいなのです。

投資する銘柄についていては、優良なアメリカ株も悪くはないものの、アメリカ株に比べて日本株には割安株が非常に多くなっていることも見逃してはなりません。

優良なアメリカ株と割安な日本株ということで、銘柄の選択肢は豊富なのです。裏を返すと、投資する側としては、どの銘柄を買えばいいか大いに迷いが生じるということでもあります。株なのですから短期的には乱高下する銘柄も少なくないため、とすれば、なおさら銘柄選択に頭を悩まされることになるでしょう。

そこで、銘柄選択の有力な一助になればということから、今回、緊急出版として上梓したのが本書にほかなりません。『日経平均4万円時代　最強株に投資せよ！』というタイトルの本書を読んで、その通りにぜひ最強株を選んで投資していただきたいと思います。

日本は自然環境に恵まれており、人情も厚い国です。あの東日本大震災から丸10年経ちましたが、当時、悲惨な震災の現場にほかの地域から非常に多くの人たちが駆け付けて、救済活動や援助活動のために大変に尽力しました。
このような日本人の共助の精神も大いに誇りとすべきでしょう。

なおこの本の出版にあたって、お世話になった方々の名前を挙げます。フォレスト出版の太田宏社長、編集の稲川智士さん、毎週ボイスメッセージでお世話になっている中原拓哉さん、この本をまとめていただいた尾崎清朗さん。ありがとうございます。
最後に妻扶美子に日ごろの協力を感謝します。

これからは景気が回復して、活気あふれた経済が戻ってくるはずです。読者の皆さんの投資の成功を確信しております。GOOD LUCK!

2021年4月

今井 澂

# 日経平均４万円時代　最強株に投資せよ！◆目次

はじめに
はじめに……001

## 序章
# 日経平均がNYダウを抜く日

1年間で大きく縮まったダウ平均と日経平均の終値の差 014
新型コロナウイルスによる日本経済の落ち込みは小さく反動は大きい 016
ファーウェイ排除で日本は漁夫の利を得る 020
対中国を前提にレアアースの生産・確保で日米豪印が連携 023
持つべき比率より低い。持たざるリスクに目覚める 026
カネを緩める日銀の新型コロナ対策 028
日本は新興国と近いのでその高成長の恩恵にあずかれる 033
日経平均の移動平均線で戦後初のゴールデンクロスが起きた 036

## 第1章 実体経済が悪いのに、なぜ株高なのか?

株が上がる材料はヤマのようにある 042
株式市場に流れ込む「アメリカ救済計画」の現金 046
余裕資金で株式投資を始めたロビンフッダー 048
ワクチン接種の開始とペントアップ・デマンド 052
テレワークやECなどのイノベーションの進展 054

## 第2章 ある相場の達人が見つけた「炭鉱のカナリア」

現在の世界経済に対するマーク・ファーバーの見方 060
バイデノミクスにおけるトリプル・ブルー 064

強気になるしかない2021年の日本の相場の予想 068
世界の景気を引き上げる半導体市場とワクチン市場 071
グローバルなサプライチェーンの再構築 074

# 第3章 外国人投資家たちの世界マネーが日本に流れる理由

「青木ルール」に基づくと安定している日本の政治 080
バイデン政権になっても当面は米中対立が続く 082
菅内閣のヒット・東京をアジアの国際金融センターに 087
ありえない「日本国債紙クズ論」のバカらしさ 090
1つの大きな心配はカート・キャンベルの起用 093
米中首脳の電話会談と台湾への中国の攻撃 096

# 第4章 今、どんな銘柄を買うべきなのか？

私のニックネーム「マネードクター」の由来 102
国内だけでなく新興国関連の投資も考えるべき 104
産業構造の大変化が進行中で大企業でも危ない 108
「消える仕事」の人は今お金を殖やしておくべき 110
時間とともにEVのシェアは確実に拡大していく 116
先進国を中心に進んでいく水素利用の取り組み 121
官民共にDXへの取り組みが本格化してきた 128
日本で5Gが一気に広がるタイミングがくる 131
保有するのに覚悟が必要であるビットコイン 135

## 第5章 これからの日本の相場を読む【今井澂・宮田直彦対談】

ブラックマンデーを事前に予言していたエリオット波動 143
「失われた20年」がゴールデンクロスの出現で名実ともに終わった 145
株式の時価総額シェアはニューヨークが減り、日本が増える 153
促進されていく円安が日本株上昇にとって追い風となる 155
ダウ平均と日経平均が逆転するのは2022年以降か 160
金・リート・ビットコインはどう動いていくのか 168

## 第6章 それでも注意すべき、5つの相場の落とし穴

持続中の世界的な株高を崩壊させる5つの落とし穴 176

中国国内での政治闘争は世界経済にも影響する 179
金の保有で首都直下地震と南海トラフ地震に備える 181
新型コロナウイルスの終息と3大中央銀行の金融の正常化 184
大統領選後は急落の予想に反して上がった原油価格 186
世界的に食糧価格を高騰させうる中国の食糧輸入 189
政権基盤を揺るがす大統領の認知症と次男の疑惑 191
アメリカの弱みを突いていけば中国が優位に立つ 194
長期的に見ると米中の戦いは中国の勝ちなのか？ 197

付録 2021年秋までに私が注目する銘柄 …… 201

※本書で示した意見によって読者に生じた損害、及び逸失利益について、著者、発行者、発行所はいかなる責任も負いません。投資の決定は、ご自身の判断でなさるようにお願いいたします。

序章

# 日経平均がＮＹダウを抜く日

## 1年間で大きく縮まったダウ平均と日経平均の終値の差

２０２１年2月15日、東京株式市場で日経平均株価が終値で３万円の大台に乗りました。３万84円15銭で、３万円台は１９９０年8月2日の３万２４５円18銭以来30年半ぶりのことです。

日経平均は１９８６年初頭から3月上旬までは1万３０００円前後だったのですが、3月中旬から急上昇を始め年末には1万８０００円台まで跳ね上がりました。その後もぐんぐんと上昇を続け、１９８９年の大納会の日の12月29日には取引間中に３万８９５７円44銭（終値は３万８９１５円87銭）を記録しました。

これが今のところ日経平均における史上最高値で、１９８６年初頭と比べると株価は3倍になったのです。まさにバブルの最盛期だったといえるでしょう。

しかし、それから日経平均は下がり始めて１９９０年8月２日を最後に3万台から転げ落ちて30年半も３万円台には到達しなかったのでした。

もっとも、やっと3万円台になったからといって、「日経平均がＮＹダウを抜く」というとびっくりする読者もいるかもしれません。これは円とドルという通貨ベースの違いはありますが、その数値で日経平均がニューヨーク株式市場のダウ平均株価を抜くということです。

日経平均が3万円台になった2月15日、たまたまアメリカの2月15日は「大統領の日」で祝日のためニューヨーク株式市場も休みでした（「大統領の日」は毎年2月の第3月曜日）。

そこで翌2月16日のダウ平均の終値を見ると3万1522ドル75セント。日経平均の3万84円15銭と比べると約1438ポイントの差です。

1年前の2月15日は土曜日だったので、日経平均は2月17日の終値、ダウ平均は（2月17日がやはり「大統領の日」）2月18日の終値を見ると、それぞれ2万3523円24銭、2万9232ドル19セントで、この差は約5708ポイントでした。

1年間でダウ平均と日経平均の差は、約5708ポイントから約1438ポイントへと大きく縮まったのです。

これは1年間の成長がダウ平均が1・08倍だったのに対し、日経平均は1・28倍だったからですが、今後も成長の勢いが同じなら日経平均がダウ平均を抜くのは時間の問題ということになります。

こうなってニューヨークの機関投資家、とくに年金基金が日本に対する見方を変えたといっていいでしょう。それが外国の投資家が2021年の年初から日本の市場で1兆4000億円を買い越している理由です。ただし、つなぎで先物売りをしているから少ないように見えますが、買い越しは増えていくでしょう。

日経平均は夏場の小休止をはさみつつ年末までに3万4000円まで上がると思います。そして私は近い将来、日経平均がダウ平均を必ず抜くと確信しているのですが、その理由は6つあります。順番に説明しましょう。

## 新型コロナウイルスによる日本経済の落ち込みは小さく反動は大きい

まず理由の第1は、新型コロナウイルス感染で生じた新型コロナショックによる日本経済の落ち込みが少なかったということで、そのため、逆に上昇率は高くなるのです。つまり、経済の落ち込みが少ないことによって、今度は経済の上昇する勢いが強くなります。

下げ率が少なかったのは不況抵抗力があるからです。実際、日本では新型コロナショックで大きくやられた業界よりも、むしろうまくいっている業界あるいは影響を受けていない業界のほうが多くなっています。

うまくいっている業界は、健康・製薬、リモートサービス、物流、ファイナンス、ネット配信サービスなどです。影響を受けていない業界には、IT、保険、リフォーム・家具、法律などがあります。

いっぽう、大きくやられた業界は、交通関連、小売、宿泊、飲食、生活関連、娯楽、医療福祉という7業界です。これらは新型コロナショック対策としての外出自粛や移動制限によって打撃を受けたのですが、それでも欧米のようにロックダウン（都市封鎖）は実施されなかったため打撃は欧米の同業界に比べると軽かったといえます。

日本以外のG7（主要7カ国）諸国ではどこも国内の各都市でロックダウンが行われました。ちなみに、2021年2月28日時点における日本以外のG7諸国での新型コロナウイルスによる死者数は、多い順にアメリカ51万1994人、イギリス12万2

939人、イタリア9万7507人、フランス8万5741人、ドイツ7万92人、カナダ2万1961人となっています。それが日本は7860人でした。

1日当たりの感染者数となると日本以外のG7諸国では数万人というのがザラだったのですが、日本では最高でも2021年1月8日の7949人と1万人を超えたことは1度もありません。


こうした統計からもわかるように、経済の落ち込みは欧米の主要国に比べて日本は明らかに軽いのです（次ページ図参照）。

しかも、かつてバブルが崩壊したとき、銀行、証券、建設、不動産などの業界が大打撃を受けましたが、国民から嫌われていたために公的な救済は行われませんでした。その点、7業界は国民の生活に直接結びついている事業を行っているので、国民の同情を得やすいという面はあります。

たとえば、居酒屋は緊急事態宣言で午後8時で終わりになってしまいます。国民としてはそれでは気の毒であり、国が補助金を出すのも当然のことと認めるのです。

だから今回の日本経済の回復はバブル崩壊後よりもずっと早くなります。株価が、

## 先進国の行動制限指数と経済落ち込み

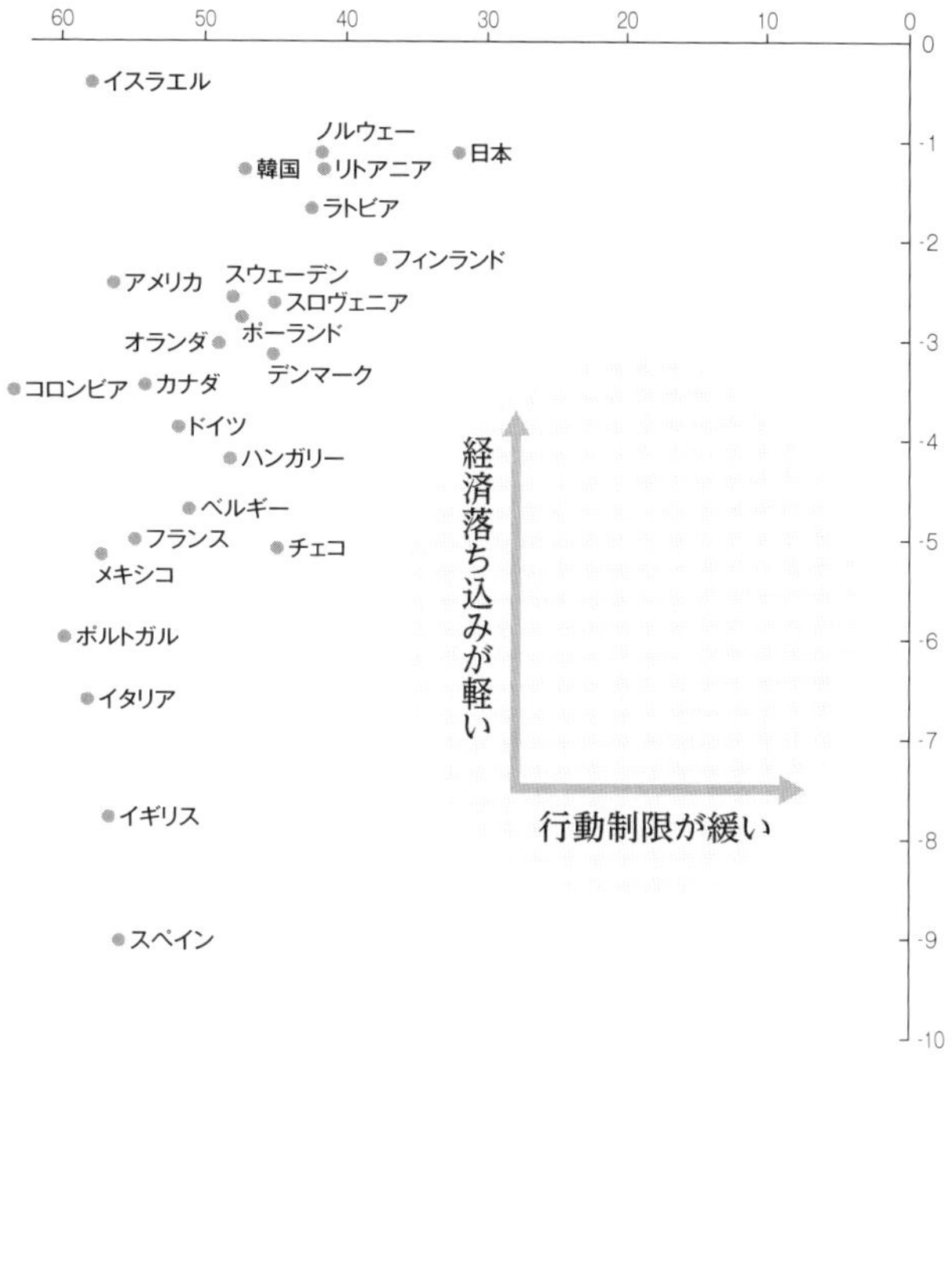


出所：Our World in Data（行動制限指数）、OECD Quartery National Accounts（経済の落ち込み）

景気回復のスピードが非常に早いということを本格的に折り込み始めたら上昇のピッチはさらに上がるに違いありません。

## ファーウェイ排除で日本は漁夫の利を得る

理由の第2はファーウェイ（華為技術）を排除したことです。これは日本にとって強力なライバルが排除されるということですから、当然、日本にとっては利益になります。

目下、5G（第5世代通信技術）で世界最先端にあるのはアメリカ企業ではなく中国企業のファーウェイです。ファーウェイは5G技術の開発、通信基地局設備の開発・製造のほか、CPU（中央演算処理装置）をはじめとする半導体の設計・開発・製造も行い、ITを中心に据えた空港、鉄道、電力などの社会インフラを構築できる能力も持っています。

ファーウェイを創業した任正非《じんせいひ》氏は中国人民解放軍では通信関係ではなく土木建築

の技術者（工兵）だったのですが、1985年に当時の中国の最高実力者である鄧小平《とうしょうへい》氏が実施した100万人もの兵士のリストラで人民解放軍を辞めた1人でもありました。リストラされた兵士たちの多くは生活のために起業せざるをえず、それで何百万社もの零細企業が雨後の筍《たけのこ》のように生まれたのです（大半が倒産）。1987年に任正非氏もリストラ仲間と一緒に深圳《しんせん》で起業し、通信のことはまったくわからないまま香港メーカーの電話交換機の販売から事業に乗り出したのでした。

今日、世界有数の大企業となったファーウェイも何らかのつながりで人民解放軍から資金援助を受けていた可能性はありますが、この点ははっきりしません。任正非氏は人民解放軍との深い関係を否定しています。

しかしアメリカは、ファーウェイを人民解放軍の手先であり自国の安全保障を脅かす存在として非常に警戒し、まず2018年8月に成立した国防権限法に基づき、ファーウェイを安全保障上の監視対象に指定すると同時に、アメリカ国防総省でファーウェイ製品の利用を禁じたのでした。

次いで2019年8月からファーウェイ製品の調達禁止を国防総省以外の政府機関

### ファーウェイ製品排除の状況

| | |
|---|---|
| 日本 | ● 政府機関が使う情報通信機器から事実上、排除 |
| アメリカ | ● 政府機関の使用禁止<br>● ファーウェイ製品を使う企業を米政府調達から排除 |
| イギリス | ● 2021年9月から新たな設置を禁止<br>● 27年末までに全製品を除去 |

に拡大し、さらに２０２０年８月からは通信機器とは関係のない製品やサービスを扱っている企業でも社内でファーウェイ製品を使っていればアメリカ政府機関との取引をできなくしました。

２０２１年２月にはＦＣＣ（アメリカ連邦通信委員会）が19億ドルを準備して、アメリカの通信会社が自社の通信網からファーウェイ製品を撤去するなら、その費用を肩代わりすると表明したのでした。

アメリカ政府が同盟国に対しても国家権限法との共同歩調を求めたため、日本もファーウェイ製品を政府調達から排除することになり、イギリスも２０２０年７月にファーウェイ製品の全面禁止を決定しました。

加えて、イギリス国内の通信会社に通信網からファーウェイ製品を2027年までに排除するように求めています。同様にフランスでも2028年までにファーウェイ製品をフランスの通信網から段階的に排除することになりました（前ページ図参照）。世界的にファーウェイ製品の排除が進むとともに、それまで劣勢だったNECと富士通が脚光を浴びるようになってきています。各国とも5Gの通信網の整備でファーウェイに使うはずだった資金をNECや富士通に回すことになるでしょう。ファーウェイに代わってNECや富士通の製品への需要が増えていくわけですが、株価ではもうすでにNECと富士通がじわじわと上がってきています。

## 対中国を前提にレアアースの生産・確保で日米豪印が連携

ここで中国に関連して述べると、案外大きいのは、世界的にレアアースにおける脱中国が図られているということです。これはバイデン政権が誕生してから明確になってきて、2021年2月24日、バイデン大統領は重要4品目（半導体、高容量電池、医薬品、重要鉱物）でサプライチェーン（供給網）を見直す大統領令に署名したのでした。その重要鉱物の1つがレアアースにほかなりません。

レアアースは産出量が少なく抽出が難しいレアメタル（希少金属）の一種で17種類あります。スマホ（スマートフォン）、HDD（ハードディスク駆動装置）、HV（ハイブリッド車）、風力発電機のモーター、高性能磁石、ミサイル装置などのハイテク機器・精密機器の材料として用いられています。

レアアースの生産量では以前、中国が世界の90％前後のシェアを持っていたのですが、2010年9月に尖閣諸島（沖縄県石垣市）沖で起きた中国漁船衝突事件で日本と揉《も》めたとき、中国は制裁措置として日本への事実上の輸出禁止を行ったのです。そのため、一部のレアアースの単価が約9倍にもなって日本企業は大きな影響を受けたのでした。これは中国によるレアアースの政治利用です。

以後、日本もレアアースの調達先をベトナムなどへと広げ、2009年には中国への依存度が90％だったものが今では60％にまで下がっています。

中国のレアアースの政治利用にはアメリカとオーストラリアも安全保障上の大きな

危機だととらえました。そこで両国ともレアアースの生産量を増やしたため、2020年には中国のレアアース生産の世界シェアは58％にまで落ちたのでした。

レアアースの埋蔵量では2020年時点で中国37％。ベトナム、ブラジルがそれぞれ18％、ロシア10％、インド6％、オーストラリア3％となっています。

2021年3月には日本、アメリカ、オーストラリア、インドの4カ国でレアアース確保のために協力し、レアアースの生産技術や開発資金を互いに融通し、国際ルールづくりでも連携することが確認されました。言い換えれば、4カ国で対中国の経済安全保障での結び付きを強めるということです。

4カ国は「自由で開かれたインド太平洋」を結束の合言葉とし経済と安保の面で連携を深めつつあります。それを英語で4を意味するクアッドと呼ぶようになってきましたが、レアアースでの連携もクアッドの一環なのです。

レアアースでは、実は日本にも小笠原諸島（東京都小笠原村）南鳥島周辺の海底にレアアースを含む泥《どろ》があることがわかってきました。しかも、この泥の量は1600万トンにも上り、そこに数百年分のレアアースの国内需要にも十分対応できるほどレアアースが大量に含まれていると推測されているのです。とくに多いのは、世界需要780年分のイットリウム、同620年分のユウロピウム、同420年分のテルビウム、同730年分のジスプロシウムなどだとされています。

レアアース自体は地球上に比較的豊富に広く分布しているのですが、採掘が容易な場所は限られています。この南鳥島周辺の海底も採掘が容易なところなので、その点も含有量が多いこと以上に高く評価されているのです。

南鳥島周辺の海底でのレアアース採掘が本格化すると日本の海洋開発関係の企業の株価も高くなるでしょう。

## 持つべき比率より低い。持たざるリスクに目覚める

理由の第3は、今のところ世界の投資家が日本株を持っている比率が低いので、これから日本株の比率が高まっていくからです。

まず念のためにいっておくと、今回の株高を80年代のバブルにたとえる向きがあり

ますが、実態は大きく異なります。当時は借金をしてでも値上がりしている株や不動産に投資するという熱狂的な雰囲気が投資家からサラリーマンにまで充満していました。今は単に手元にカネが余って運用に向かっているだけで、信用買いの残高も当時は8兆円だったのに今は3兆円弱しかありません。また、当時の株価収益率は5倍、現在は来期予想ベースでは13倍です。その意味でもまだまだ投資が加熱しているということではないのです。

それで、ニューヨークに本拠を置く金融サービス企業のMSCIが算出・公表している指数にMSCI指数があります。これは多くの機関投資家や投資信託のベンチマークとして採用されていて、先進国、新興国、フロンティア市場（経済発展の初期段階にある途上国）の合わせて約70カ国・地域の株式市場をカバーしているものです。

MSCI指数によると今、世界の投資家は日本株を本来8％くらいは持つべきなのですが、現実には5～6％しか持っていません。とすれば、世界の景気が良くなるときには、日本株の保有も増やすはずです。今の5割増くらいは日本株を保有してもおかしくはありません。

いっぽう、金融機関の運用担当者はMSCI指数のようなインデックスに負けてしまうとクビを切られます。それはきわめてまずいということで、運用担当者も日本株についていては持たざるリスクがあると気付き始めています。だから最近では、少なくとも日本株を7％までは持とうということになってきているのです。

なお機関投資家は2021年の年初から1兆4000億円を買い越しています。目下、世界中の資産は84兆ドルありますので、その1％でも動けば大変な影響力があるのですが、まだ1兆4000億円の買い越しにしかすぎません。これからむしろ大変な買いが控えていると考えていいと思います。

## カネを緩める日銀の新型コロナ対策

理由の第4は、世界3大中央銀行のなかで日本銀行の資産の伸び率が突出して大きいということです。

2020年1年を通して新型コロナショックで失われたGDP（国内総生産）は、全世界あわせて700兆円ほどだと試算されています。これに対して、FRB（アメ

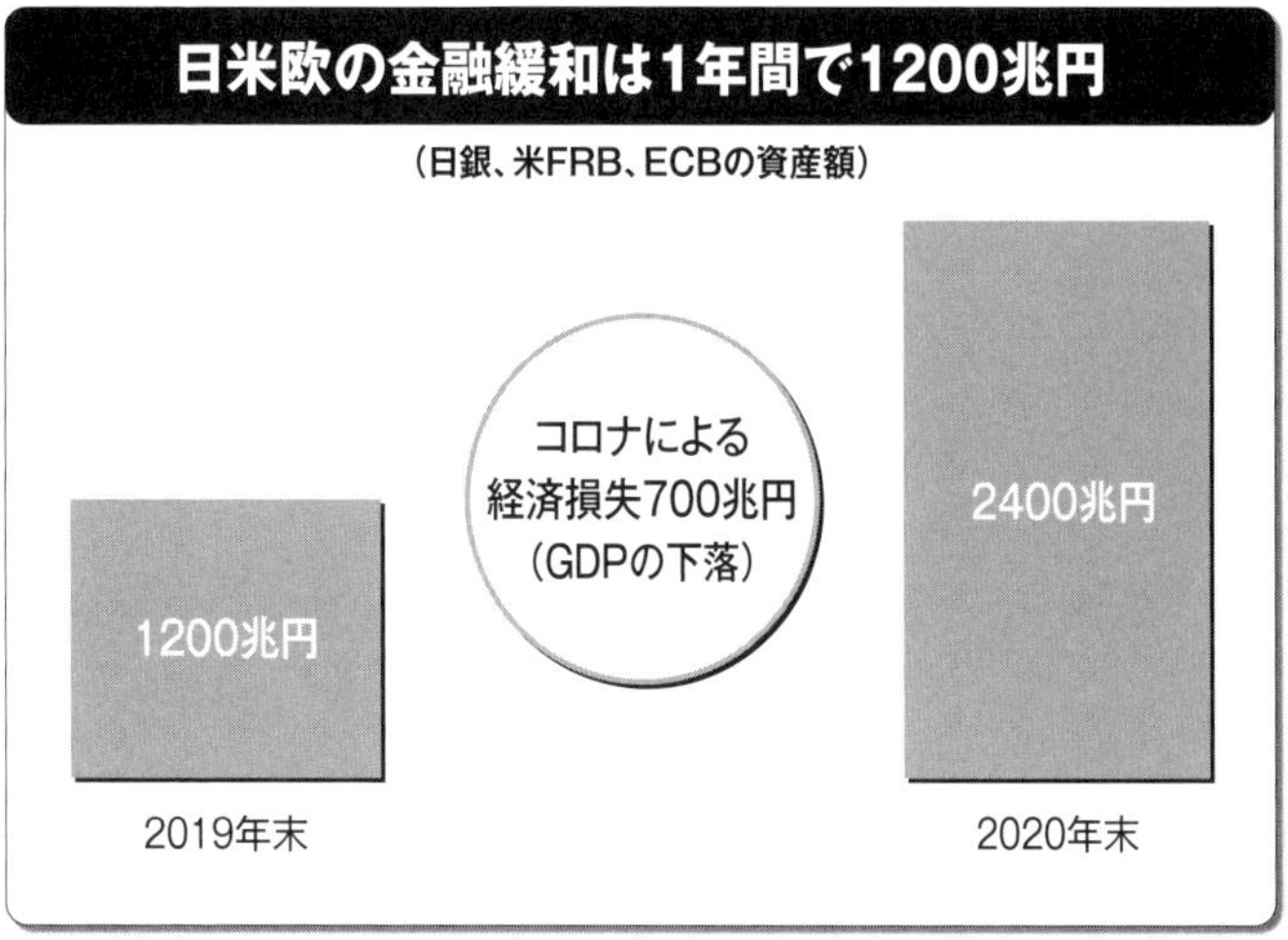


リカ連邦準備制度理事会）、ＥＣＢ（欧州中央銀行）、日銀という世界３大中央銀行が量的緩和によって投入した資金は合計で１２００兆円以上にもなります（上図参照）。

新型コロナウイルスの損失である７００兆円を５００兆円以上も上回る資金が１年間に垂れ流されたということです。この資金は新型コロナ対策に使われるべきなのですが、実際には行き場を失っているといえ、その結果、かなりの資金が株式市場へと流れ込んでいます。

しかも資産の伸びを見ると、世界３大中央銀行のなかで日銀が突出して大きいのです。日銀の資産は２０２０年12月末時点で７０２兆円となったのですが、これは１年前に比べて129兆円の増加となります。日銀の資産のデータが開示された1998年以降では最大の増加額で、資産の伸び率は23％と4年ぶりの高さでした。日銀の主な資産のなかで最も増えたのが銀行などへの貸出金で、2020年末時点で111兆円となり、これは前年の2・3倍にもなりました（次ページ図参照）。

日銀の新型コロナウイルス対策には大きく3本の柱があります。すなわち「企業等の資金繰り支援」「金融市場安定のための円・外貨供給」「ETF（上場投資信託）等の買い入れ」です。

それぞれの中身については、「企業等の資金繰り支援」ではCP（コマーシャルペーパー）・社債等増額買い入れ（残高上限約20兆円）、新型コロナウイルス対応金融支援特別オペがあります。

「金融市場安定のための円・外貨供給」では国債買い入れ（10年金利がゼロ％程度で推移するように上限設けず必要な額）と米ドル資金供給オペを行います。「ETF等の買い入れ」では上限年間約12兆円ペースでETFを買い入れるとともに、上限年間約1800億円ペースでJ‐REIT（不動産投資信託）を買い入れます。

## 日銀の資産規模は対GDP比で米欧を上回る

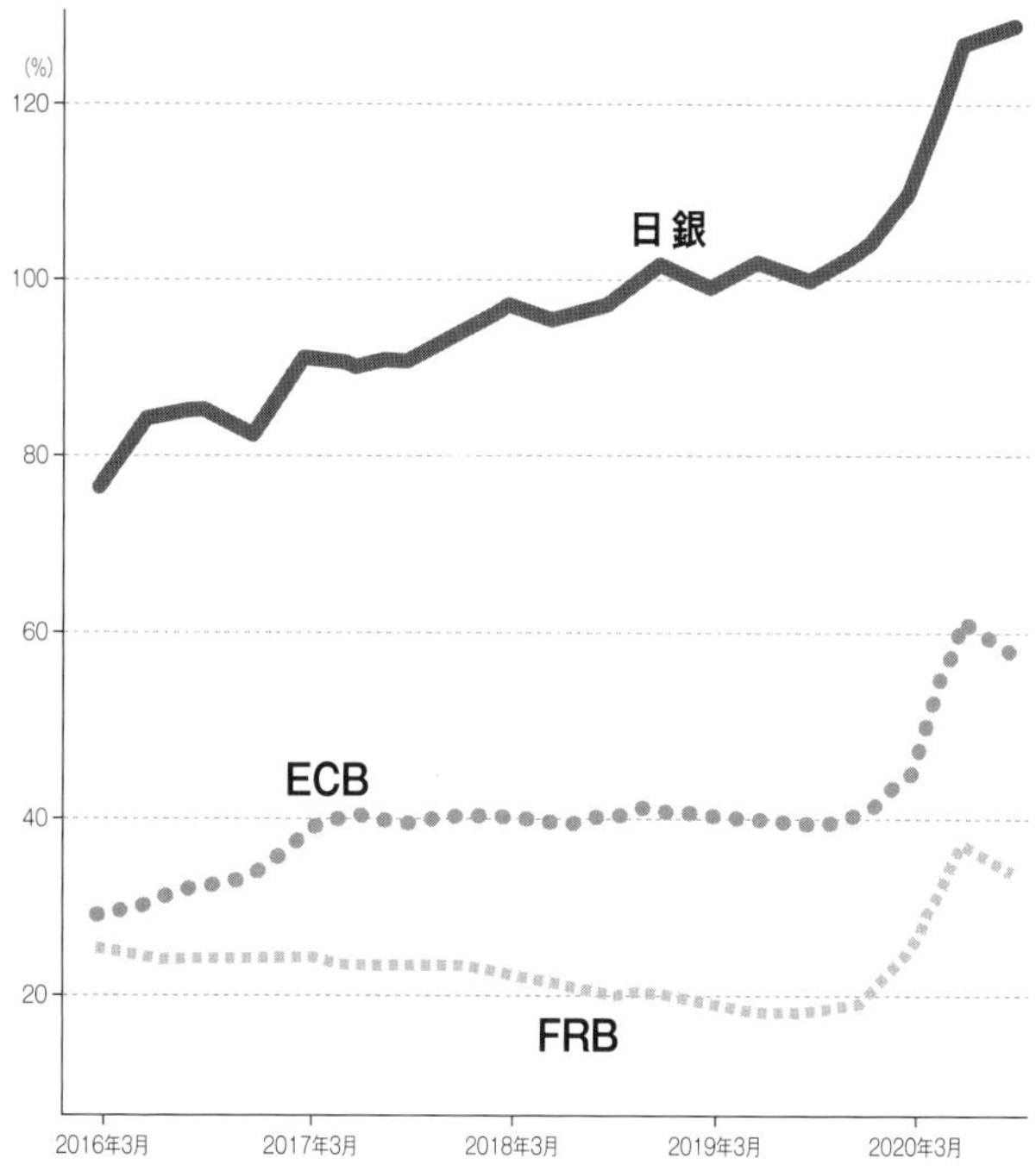


（注）各中銀総資産の対名目GDP比

出所：SMBC日興証券

以上のなかでも、日銀が新型コロナ対応で最重要課題に掲げたのが企業の資金繰り支援でした。それで2020年3月にゼロ金利で民間銀行に貸し出しの原資を供給する制度を導入し、2020年4月以降は各金融機関の利用実績に応じて日銀に持つ当座預金の残高に0・1%の金利を付けるように制度を拡充したのです。これで日銀の貸出金が急増したのはいうまでもありません。

コマーシャルペーパーと社債の買い入れでは、日銀の保有するCPと社債は約2倍に増えたのでした。

ETFも年12兆円まで買い入れできるようにした結果、日銀の持つETFは前年比25%増の35兆円（簿価）となったのですが、この2020年の買い入れ額は過去最高の約7兆円に達しました。今や日銀は時価では50兆円近いETFを保有しています。

そのため日銀は最大の日本株保有者なのですが、これに対して、「物言わぬ株主」である日銀の存在がむしろ企業の経営監視の緩《ゆる》みにつながっているという批判も強くなってきています。

このような批判を意識した日銀は2021年3月19日に、原則年6兆円としていた

ＥＴＦ購入額の目安を削除したのでした。これまでは株高局面でもＥＴＦ購入を大幅に減らすと緩和の後退と受け取られる懸念がありました。今後は市場が混乱した場面でのみＥＴＦを購入するといった柔軟な対応が可能になります。

そうはいっても、日銀の資金が株式市場にどんどん流れ込んでいくという状況は続いていくはずです。だからそれだけ株価の勢いは強いということになります。

## 日本は新興国と近いのでその高成長の恩恵にあずかれる

理由の第５は、新興国の高成長の恩恵に日本もあずかれるということです。

みずほ総合研究所の「みずほ新興国クオータリー（２０２１年３月11日付）」によると、世界全体の実質ＧＤＰ成長率がマイナス４・４％という大不況のなかでプラスになった国はわずか３カ国。２・３％の中国、プラス２・９％のベトナム、プラス３・１％の台湾でした。

私は、投資関係のある情報筋から、「今年は反習近平勢力の力が増し、習近平の周辺にはゴマすりばかりなので何が起こるかわからない。加えて、バイデン政権の出方もまだ不明だ。そこで中国関連への投資は今のところは控えている」という話を聞いたのですが、中国、ベトナム、台湾については新型コロナの抑え込みにも成功していま す。

この点は中国も含めて投資での大きな魅力になっているといえるでしょう。新型コロナウイルスの100万人当たりの感染者数は、中国62人、ベトナム16人、台湾37人にすぎません。

ちなみに日本は27336人、ヨーロッパではベルギーが5万8898人、チェコにいたっては8万5574人、アメリカは7万5368人。アジアではシンガポールが1万81人となっています。

欧米に比べるとアジアでは新型コロナウイルス感染による経済の打撃が小さかったのです。今後、新型コロナ感染がアジアでさらに広がっていくことはないでしょう。

前述のみずほ総研の予測によると、2021年の実質GDP成長率は、台湾がプラス3・9％、ベトナムがプラス7・3％となります。

このほかに注目すべきなのがインドです。インドは米中新冷戦の受益国でもあり、2018年～2020年のインドの成長率は2018年プラス6・8%、2019年プラス4・8%、2020年マイナス6・9%でした。予想では2021年にはプラス8・5%となり、これは新興国全体の首位です。あるエコノミストは、インドは2030年には現在の日本並みの経済大国になると述べています。

この3カ国との取り引きが最も多いのが日本なのです。3カ国の経済の成長率が高いと、その恩恵にあずかって日本の成長率も高くなっていきます。

また、以上の3カ国を含めた新興国14カ国の世界経済に対する比重は2000年には20%だったのですが、現在は40%にまで上昇しています。それだけ世界経済に与える新興国の影響力も大きくなったということで、日本も新興国との関わりが深くなっていけばいくほど新興国の経済成長から利益を受けられるということです。

## 日経平均の移動平均線で戦後初のゴールデンクロスが起きた

理由の第6は、株価の移動平均線でゴールデンクロスが起きたことです。

ゴールデンクロスとは、株価が大きく下落した後に短期の移動平均線が長期の移動平均線を下から上に突き抜けていくことです。それで、これから相場が上昇傾向になるかもしれないという買いサインの1つだと考えられています。

反対に、株価が大きく上昇したあと、短期の移動平均線が長期の移動平均線を上から下に抜けていくことをデッドクロスといいます。

マネースクエアのチーフテクニカル・アナリストである宮田直彦氏は2018年2月に10年の移動平均線と20年の移動平均線でゴールデンクロスが起きたことを確認しました。

日経平均の算出は1949年5月からなので、10年移動平均線と20年移動平均線の開始はそれぞれ1959年と1969年からでした。1969年以降、一貫して10年移動平均線のほうが20年移動平均線よりも上にあったのです。それがITバブルのピークから1年後の2001年4月に日経平均史上で初めてデッドクロスが出現しました（次ページ図参照）。

この後は20年移動平均線が日経平均の上値を押さえ続けました。日経平均がようやく20年移動平均線を上回ったのはデッドクロスからは約12年半後の2013年9月でした。

そして2018年2月、10年移動平均線と20年移動平均線で初めてゴールデンクロスが起きたのです。これは戦後初めてのことでもあるので、失われた20年（あるいは30年）ともいわれた時代が終わったこと、言い換えれば、日本経済の沈滞が終わったことを意味するものであるとも思います（第5章にて詳述）。

宮田さんの分析は長期的なものですが、短期でも買いサインであるゴールデンクロスが発生しています。

いちよし証券情報投資部の高橋幸洋氏によれば、26週移動平均線と52週移動平均線で2020年10月16日にゴールデンクロスが出ました。その後、2021年2月の3

## 日経平均で史上初のゴールデンクロスが出現

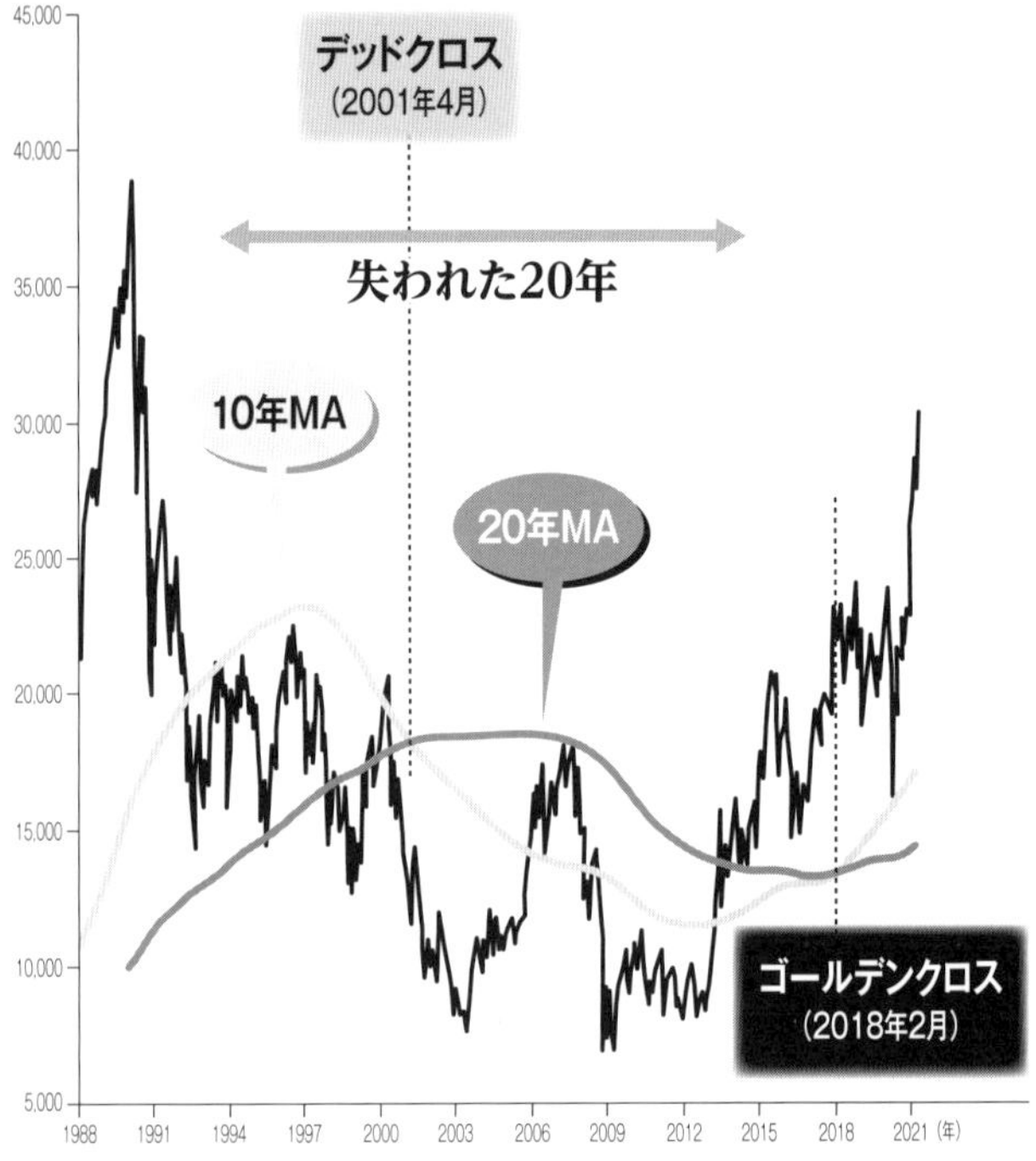


出所：©MONEY SQUARE, INC. This report is for authorized recipients only and not for public distribution.

週目に日経平均は30年半ぶりに３万円台を回復したのです。

１９８０年１月以降の26週移動平均線と52週移動平均線のゴールデンクロスは２０２０年10月16日を除いて過去11回ありました。ゴールデンクロスが起こった週の終値を起点としてデッドクロスまでの期間中における終値ベースの高値までにかかった平均期間は62・45週間、平均上昇率は39・44％でした。

とすると、２０２１年12月の４週目前後に３万２６４３・78円（２０２０年10月16日終値２万３４１０・63円に平均上昇率39・44％を上乗せした値）まで上昇すると予想できます。もちろん過去の実績に基づいた計算ですから絶対に正しいとは限らないものの、実現の可能性は高いでしょう。

# 第1章

# 実体経済が悪いのに、なぜ株高なのか？

## 株が上がる材料はヤマのようにある

今度は世界の株高について述べましょう。目前の経済が悪いのにアメリカや日本だけでなく世界的な株高はおかしいという説が非常に強いけれども、これだけ株が上がる材料がそろったのは、私の経験でもそう滅多にあるものではありません。

テレビを観ていたら「バブルの崩壊は近い」と予言する学者がいました。たしかに相場はいつか必ず崩れます。そのときに予言者ヅラをしてこの学者はテレビに出演するのでしょうか。この学者だけではなく、某銀行のエコノミストも同様の警告を発しています。

しかし、私にいわせればとんでもない間違いで、彼らは株の根幹をわかっていないのです。当分の間、日米ともに中長期の株価上昇は目に見えています。

それはまず、お金が依然として余っているからです。２０２０年の世界の実質ＧＤＰ（国内総生産）は７００兆円もダウンしたのですが、ＦＲＢ、ＥＣＢ、日銀の３大中央銀行は1200兆円のお金をばらまき、これによって信用不安が防がれました。2021年に入っても、少しペースは落ちているものの、3大中央銀行の総資産は全体で年率10％近い増加となっていると私は見ています。

しかし、まともな設備投資を始めるのはおそらく2022年の後半からでしょう。そうすると、少なくとも2021年から2022年の前半まで不況が続いた場合、当然のことながら3大中央銀行はどんどんお金を出していくはずです。

また、世界中でインフレは起きていません。当然、金利はきわめて低く、ヨーロッパではほとんどマイナス金利です。今や世界の3分の2近くの債券はマイナス金利です。となると、満期まで持つと損するので、債券は満期まで持たない短期の勝負になります（次ページ図参照）。

コロナ不況対策の財政出動が始まっても金利が低いために金利負担も少なくなっています。それで、アメリカのイエレン財務長官は50年物国債の発行を検討中です。

前財務長官であるムニューシン氏は金融の専門家でしたから、50年物国債や100年物国債の発行も検討していました。その結論では50年物国債がいちばん良いということだったので、イエレン財務長官も50年物国債に的を絞っているのだと思います。

# 世界の金利マップ

| | スイス | ドイツ | オランダ | フィンランド | デンマーク | オーストリア | フランス | アイルランド | スウェーデン | 日本 | イギリス | スペイン | ポルトガル | イタリア | カナダ | ノルウェー | アメリカ | オーストラリア | 中国 | インド |
|---|---|---|---|---|---|---|---|---|---|---|---|---|---|---|---|---|---|---|---|---|
| 1年 | -0.66 | -0.58 | -0.65 | -0.69 | -0.62 | -0.6 | -0.56 | -0.61 | -0.25 | -0.13 | -0.03 | -0.44 | -0.49 | -0.21 | 0.23 | 0.1 | 0.14 | 0.19 | 2.57 | 3.73 |
| 2年 | -0.76 | -0.7 | -0.65 | -0.63 | -0.6 | -0.65 | -0.64 | -0.52 | -0.35 | -0.13 | -0.13 | -0.45 | -0.54 | -0.07 | 0.28 | 0.18 | 0.14 | 0.26 | 2.83 | 4.5 |
| 3年 | -0.8 | -0.74 | -0.63 | -0.68 | -0.61 | -0.62 | -0.63 | -0.59 | -0.34 | -0.12 | -0.15 | -0.41 | -0.37 | 0.06 | 0.27 | 0.22 | 0.17 | 0.28 | 3 | 5.04 |
| 4年 | -0.75 | -0.74 | -0.68 | -0.67 | -0.59 | -0.62 | -0.61 | -0.56 | -0.34 | -0.12 | -0.15 | -0.33 | -0.3 | 0.29 | 0.27 | 0.27 | 0.22 | 0.3 | 3.05 | 5.34 |
| 5年 | -0.71 | -0.71 | -0.64 | -0.61 | -0.57 | -0.62 | -0.59 | -0.51 | -0.33 | -0.08 | -0.1 | -0.25 | -0.16 | 0.49 | 0.38 | 0.33 | 0.27 | 0.41 | 3.1 | 5.46 |
| 6年 | -0.67 | -0.7 | -0.6 | -0.56 | -0.53 | -0.55 | -0.55 | -0.46 | -0.29 | -0.09 | -0.08 | -0.15 | -0.08 | 0.64 | 0.36 | 0.4 | 0.37 | 0.54 | 3.16 | 5.8 |
| 7年 | -0.61 | -0.63 | -0.54 | -0.5 | -0.49 | -0.51 | -0.46 | -0.34 | -0.25 | -0.08 | 0 | 0.01 | 0.09 | 0.69 | 0.35 | 0.46 | 0.47 | 0.66 | 3.23 | 6.14 |
| 8年 | -0.55 | -0.62 | -0.5 | -0.43 | -0.45 | -0.45 | -0.39 | -0.3 | -0.19 | -0.04 | 0.06 | 0.08 | 0.17 | 0.88 | 0.42 | 0.53 | 0.54 | 0.8 | 3.2 | 6.24 |
| 9年 | -0.5 | -0.56 | -0.45 | -0.37 | -0.41 | -0.39 | -0.27 | -0.21 | -0.14 | 0.01 | 0.15 | 0.18 | 0.22 | 0.94 | 0.5 | 0.6 | 0.61 | 0.89 | 3.17 | 6.17 |
| 10年 | -0.46 | -0.5 | -0.38 | -0.3 | -0.38 | -0.32 | -0.19 | -0.11 | -0.09 | 0.04 | 0.19 | 0.33 | 0.37 | 1.1 | 0.57 | 0.68 | 0.68 | 0.97 | 3.15 | 6.06 |
| 11年 | -0.43 | -0.45 | -0.36 | -0.27 | -0.33 | -0.26 | -0.16 | -0.07 | 0.02 | 0.08 | 0.25 | 0.4 | 0.44 | 1.17 | 0.59 | | 0.74 | 1.03 | 3.18 | 6.32 |
| 12年 | -0.39 | -0.41 | -0.34 | -0.24 | -0.28 | -0.21 | -0.12 | -0.02 | 0.12 | 0.13 | 0.31 | 0.46 | 0.51 | 1.25 | 0.62 | | 0.79 | 1.09 | 3.22 | 6.43 |
| 13年 | -0.36 | -0.37 | -0.33 | -0.21 | -0.24 | -0.15 | -0.09 | 0.03 | 0.14 | 0.18 | 0.35 | 0.52 | 0.58 | 1.32 | 0.65 | | 0.84 | 1.16 | 3.25 | 6.4 |
| 14年 | -0.32 | -0.33 | -0.31 | -0.17 | -0.19 | -0.1 | -0.05 | 0.08 | 0.17 | 0.23 | 0.38 | 0.59 | 0.66 | 1.39 | 0.68 | | 0.9 | 1.24 | 3.29 | 6.36 |
| 15年 | -0.29 | -0.29 | -0.29 | -0.14 | -0.14 | -0.04 | -0.02 | 0.13 | 0.2 | 0.27 | 0.42 | 0.65 | 0.73 | 1.46 | 0.7 | | 0.95 | 1.31 | 3.32 | 6.46 |
| 20年 | -0.26 | -0.25 | -0.1 | -0.06 | -0.1 | 0.12 | 0.24 | 0.19 | 0.33 | 0.42 | 0.71 | 0.91 | 0.76 | 1.66 | 0.84 | | 1.21 | 1.59 | 3.5 | 6.52 |
| 30年 | -0.28 | -0.04 | -0.03 | 0.1 | | 0.25 | 0.51 | 0.51 | | 0.61 | 0.75 | 1.15 | 1.08 | 2.04 | 1.08 | | 1.42 | 1.9 | 3.84 | 6.66 |
| 40年 | | | | | | 0.33 | | | | 0.64 | 0.65 | | | | | | | | | |

0%未満　0%以上 0.5%未満　0.5%以上 1.0%未満　1.0%超

出所：岡三証券

アメリカが50年物国債を発行したら、それにＥＣＢも日銀も追随して国債による巨額の財政負担を引き受けるという作戦をとるに違いありません。日本の場合、今のところ30年物債が上限です。それが50年債だと金利はほとんどゼロですから、日本にとってもいくらでも調達できるという点が魅力です。

ともあれ、中央銀行がこれだけお金をばらまくと、普通ならインフレになります。ＧＤＰ比率でもお金のばらまき方は第２次世界大戦と同じですから。では、なぜインフレにならないのか。

答えは簡単でしょう。メーカー、飲食店、ホテル、電鉄会社、航空会社など多くの会社の設備はそのままで、新型コロナウイルスの出現によって、ある日を境に突然、業績が悪くなっただけだからです。

とすれば、コロナが終息しても前の業績が元に戻るだけであって、別段、設備投資をする必要もありません。そのため、業績が悪い間はどうしてもデフレ傾向になり、中央銀行がいくらお金をばらまいてもインフレにはならないわけです。

なお、２０２１年３月29日、アメリカの10年物国債利回りが一時１・72％となり、約1年ぶりの水準へと急上昇しました。これを受けて日本でも長期金利が2月下旬に一時的に、およそ5年ぶりの高水準である0・175%になりました。日銀によるマイナス金利政策の導入後、2016年夏にマイナス0・3%を付けたときと比べて0・5%近い上昇でした。

このように金利が上がると、みんなびっくりするのですが、金利上昇には良い金利上昇と悪い金利上昇があります。今回はインフレというよりも景気が良くなることを見越してのことで良い金利上昇なのです。別段、悪いことではありません。

## 株式市場に流れ込む「アメリカ救済計画」の現金

中央銀行のばらまきに加えて、政治による財政出動がコロナ危機での経済損失を実質的に穴埋めすることになります。とくに注目されるのがアメリカのバイデン政権です。

バイデン大統領は、大統領選では連邦法人税の引き上げ（税率21%を28%）、所得税の最高税率の引き上げ（37％を39・6％へ）、キャピタルゲイン課税の最高税率の引き上げ（20％を39・6％へ）といった増税の公約を掲げたのですが、今のところ増税は棚上げにして経済でも新型コロナ対策に力を入れています。

２０２１年３月11日、バイデン大統領は１・９兆ドル（約２００兆円）規模の新型コロナウイルス経済対策法案に署名しました。これは「アメリカ救済計画」とも呼ばれており、「ワクチン普及プログラム・感染抑制・学校再開」「個人・家計向け支援」「州・自治体政府、中小企業向け支援」「連邦政府のサイバーセキュリティ強化」が４本柱です。

そのうち目玉になっているのが「個人・家計向け支援」での「現金の追加給付」で、アメリカ国民１人当たり最大１４００ドルの現金給付を行います。２０２０年３月の第１弾は支給額が同１２００ドル、12月の第２弾は同６００ドルでした。支給額は新型コロナショックの発生から１年が経った今回が最大となりました。

１４００ドルの現金給付は一応、年収８万ドル以上の所得層は除かれますが、アメリカの家計の85％への給付が見込まれています。となると、支給総額も約４０００億ドルという巨額なものとなり、全米の家計所得が１カ月１・６兆ドル規模とされているので、これはその25％分にも相当するわけです。

また、連邦政府は3月14日までの予定で失業給付に特別加算として週３００ドルを上乗せしてきましたが、これを9月まで延長するとともに上乗せ額を週４００ドルへと引き上げました。

これに加えて、バイデン政権は2兆ドルのインフラ投資計画を発表しています。実現の可能性は大きく、合計4兆ドルに近い不況対策です。

アメリカの小売業やサービス関連企業は、国民への現金支給や特別加算によって個人消費が盛り上がることを期待しているのですが、生活に困っていない人への現金支給や特別加算は個人消費ばかりか投資にも向かっていきます。それが株価を押し上げていくのはいうまでもありません。

## 余裕資金で株式投資を始めたロビンフッダー

アメリカの政権と連邦議会による新型コロナウイルス対策での財政出動は今回のア

メリカ救済計画で6回目です。6回の合計金額は7・8兆ドルにもなり、アメリカの名目GDPの31%にも達します。

財政出動で現金支給や特別加算をもらった国民のうち生活に困ってない人は、それで余裕が出たお金を、ロックダウンなどもあって外食や旅行などに使えないとしたら、やはり投資に回そうということになるわけです。アメリカでは新型コロナウイルスによって多くの失業者が出た一方で、現金支給や特別加算による余裕資金で株式投資を始める個人もどんどん増えてきました。

アメリカの株価上昇には急増した個人投資家の寄与も大きいのです。そうした個人投資家の多くはスマホの投資アプリであるロビンフッドを用いて株の売買を始めました(ロビンフッドだと売買手数料も無料)。ロビンフッドで株式を売買する個人投資家をロビンフッダーと呼ぶようになっています。

このロビンフッダーの資金は、アップル、マイクロソフト、アマゾン・ドット・コムなどのIT関連銘柄に集中的に流れ込みました。いずれもコロナで恩恵を受けている企業であり、かつ利益を急増させています。株価についても一時、アップルの時価総額がアメリカ企業で初めて2兆ドルを超えたのでした。

ロビンフッダーの資金が流れた銘柄の上昇を「給付金バブル」というようにもなっているのですが、アメリカ救済計画での現金支給や特別加算も当然、ロビンフッダーを介して株式市場に流れ込んでいき、市場はいっそう過熱するはずです。

ただしロビンフッダー関連では次のような事件も起こったのでした。

アメリカでゲームソフトの小売りチェーンを展開するゲームストップという会社は業績が悪化していたため、それで株価が下がると読んだ多くのヘッジファンドがその株の空売りを行っていたのです。

ところが、2021年1月下旬、レディットというSNSでゲームストップ株を買うように強く薦められたロビンフッダーが大挙して買った結果、株価は1週間で8倍にも高騰したのでした。それによってゲームストップ株を空売りしていたヘッジファンドは買い戻しを強いられて巨額の損失を出したのです。

この出来事は、SNSを通じて大きな勢力となったロビンフッダーが数千億円~1兆円規模の巨額の資金を運用しているヘッジファンドを痛めつけたという点では画期的なことです。

それで株価の弱気筋は、ロビンフッダーのせいで今後、ヘッジファンドが倒産したりヘッジファンドが株取引を大量に解約したりする事態が起こることを懸念しています。もちろん、そうしたことが起こると株価は急落するでしょう。

しかし私は60年間、株式市場で弱い者を叩《たた》くことが最も儲かるという冷たい市場原理の勝利を何度も見てきました。ゲームストップ株でヘッジファンドが大損したのもその再来にすぎません。

ロビンフッダーの出現自体は一種のバブルであるとは思うのですが、といってロビンフッダーを没落させるような厳しい規制は実施すべきではないでしょう。株全体の大暴落を引き起こすからです。

目下、アメリカ政府が展開しているのは対コロナ戦争なのですから、株が大暴落すれば対コロナ戦争における国民の士気にかかわります。そんなことを好む政治家がいるはずがありません。したがって、ロビンフッダーへの規制が行われるとしても限定的で非常に注意深いものとなると思います。

## ワクチン接種の開始とペントアップ・デマンド

新型コロナワクチンの接種は2020年12月上旬のイギリスを皮切りに2021年3月時点で海外領土などを含めると149カ国・地域にまで広がっています。日本でのワクチン接種も医療従事者を対象に2021年2月17日から始まりました。

世界各国で進むワクチン接種は「いつまでも新型コロナ大不況は続かない」という前途への明るい見通しにつながっています。

もちろん、その見通しは株価にプラスになっているのですが、さらに株価に好影響を与えるのはワクチン接種率が50%になることです。なぜ50%なのか。それはイスラエルでの経験で50%になると途端に新型コロナウイルスの感染率がダウンするということがわかったからです。

ワクチン接種率が50%になるのは、イギリスが4月、アメリカが6月になると予想されています。つまり、新型コロナ騒ぎはイギリスでは4月、アメリカでは6月に終わりになると考えて良いでしょう。

ほかの国々は50%になるのは両国よりも遅れるし、日本も早くて8月ぐらいになります。それでも9月くらいには大丈夫になるという見通しは出せるので、そのときにコロナ不況脱出の確信もできるはずです。

これによって企業が強気の1株利益の予想を出したり前向きな経営計画を発表したりして、投資家も好感を持つに違いありません。その先には減配や減益がほどんどないということを株価も織り込んでいきます。9月決算のころには、みんなが安心して株を買うようになると思っていいでしょう。

付言すると、同じくワクチン接種が50%になることで世界中でのペントアップ・デマンドも大いに期待できます。これは、景気後退期に購買行動を一時的に控えていた消費者の需要が景気回復期になって一気に回復することです。

つまり、消費者の需要は景気後退期のために消滅するのではなく、むしろ積み上げられ繰り越されて潜在化するので、それが景気回復とともに表面化すれば需要が一気に拡大することになります。

コロナ禍のために多くの人たちがパブで飲みたいとか、レジャーに行きたいといった欲望を我慢しているわけですが、それは我慢している潜在的な需要なので、ワクチン接種が50％以上になると我慢していた需要がどーんと噴出してくるのです。

ペントアップ・デマンドでパブやレストランがごった返し、高速道路が渋滞になり、ホテルも満室になります。このペントアップ・デマンドが株価を押し上げないはずがありません。

パルナッソス・インベストメントの宮島秀直氏の資料によると、アメリカの個人消費は10・9％、ＧＤＰは7・5％押し上げられます。また、日本も21兆円がペントアップ・デマンドになり、ＧＤＰを2・7％押し上げるなか、4〜5兆円は株式中心に回ると見ています。

## テレワークやＥＣなどのイノベーションの進展

日本政府は、新型コロナウイルス対策で2020年4月に最初の緊急事態宣言を発して国民に活動自粛を呼びかけるとともに、国民に給付金を出すことにしました。ところが、国民がオンラインで給付金を受け取るための申請手続きを行うと、役所の窓口よりもかえって時間と手間がかかってしまうという状況が全国の地方自治体で続出してしまったのです。

そうとなって、新型コロナウイルスは我が国の行政のＩＴ化の大幅な遅れも露呈させたのでした。国民から批判を浴びた菅政権は行政のＩＴ化を促進するためにデジタル庁の創設に踏み切りました。

デジタル庁は２０２１年９月からスタートし非常勤職員を含めて５００人規模の組織となります。トップは首相ですから、それは菅政権が行政のＩＴ化に全力を挙げている表れだともいえるでしょう。

ＩＴ化に関連すると、新型コロナウイルスのワクチン接種についても、当初はマイナンバーで接種の順番や回数を管理することになっていました。これも各地方自治体から、システムが未整備でとてもマイナンバーを使える状況ではないという猛反発を受けて、マイナンバーでの管理も頓挫《とんざ》してしまったのです。マイナンバーで管理できないのはそれだけ接種の効率が落ちることを意味します。

行政のＩＴ化の遅れは行政手続きの効率化の足を引っ張っているわけですが、民間ではコロナ禍によってネットの活用が一段と促進されることになりました。すなわち、国民生活ではいわゆる巣ごもり需要が起こってネット通販、ネットゲーム、動画配信サービスなどが盛況になり、ビジネスではテレワークやウェブ会議が急増して業務の効率化・合理化を促進したのです。

これはコロナ禍がさまざまな社会変化をもたらしているととらえられます。なかでもテレワークとEC（電子商取引）の拡大、地方・郊外への移住、オンライン診療の規制緩和などが具体的に指摘できるでしょう。

テレワークも最初は職場や通勤での感染防止を最優先の目的としたものだったのですが、生産性の向上につながることははっきりとわかってきて、テレワーク拡大の流れはこれからも続いていくはずです。それで、テレワークも利用可能なクラウド型の業務支援ソフトウエアやコミュニケーションツールを提供する新興企業がどんどん台頭してきました。

なおクラウドとは、ユーザーが自分のパソコン等に業務用ソフトをインストールしなくても、必要なときにネットを通じて業務用ソフトを利用できるシステムのことです。

EC（電子商取引）はネット通販のことですが、ネット通販が消費者寄りとすれば、ECは企業寄りの言葉といえます。つまり、好調なネット通販によってECでのネット・ショップの開設が相次いでいるわけです。

地方や郊外への移住については、テレワークやウェブ会議によって遠隔地でも勤務できることがあと押しとなっています。つまり、通勤が不要なら、生活環境の良い地方や郊外に移住してもかまわないのではないか、という雰囲気が出てきました。テレワークを導入した企業でも週1～2回程度の出社は必要なのですが、毎日の出勤ではないため通勤時間がもっと長くなっても十分に対応できるということです。この考え方は、勤める側だけではなく会社側も共有するようになってきています。おそらく、これから現役の会社員でも地方移住に踏み切るケースは増えてくるでしょう。となると、首都圏であればまずは都心から電車で2時間くらい離れた場所へも住み替えのニーズは高まっていくはずです。地方・郊外なら生活にもゆとりが出ます。

オンライン治療は、政府が2020年4月に初診を含めて時限措置として全面的に解禁したのでした。時限措置なので一定期間が経過したら再びオンライン診療は禁止になる予定です。けれどもオンライン診療は移動時間や待ち時間で患者の負担を減らすだけでなく、患者が病院に行って他の感染症に罹《かか》るリスクも消し、地方や過疎地での病院不足の解消にも寄与するというメリットがあります。

コロナ禍後のオンライン診療の規制緩和には慎重論も根強いのですが、メリットが大きいため、結局、オンライン診療は解禁になる可能性は高いでしょう。

いずれにせよ、テレワーク、ＥＣ、地方・郊外への移住、オンライン診療などに関連した製品やサービスを提供している企業の株価は今後上昇していきます。

また、以上のことは日本の例を取って述べましたが、欧米をはじめ世界的な傾向であるのはいうまでもありません。したがって、どの国でも、こうしたことに関連した企業は伸びていくはずです。

# 第2章

# ある相場の達人が見つけた「炭鉱のカナリア」

## 現在の世界経済に対するマーク・ファーバーの見方

マーク・ファーバー氏は、スイス・チューリッヒ出身の投資アナリスト・投資アドバイザーで、現在はタイに在住しています。私はファーバー氏とは定期的にメールなどでさまざまな情報のやり取りをしています。

ファーバー氏が2007年に東京で開催された講演のために来日したとき、私もファーバー氏に直接会い、その講演も聴いたのでした。

これに先立つ2005年は、ベンチャー起業家のホリエモン（堀江貴文氏）と投資家の村上世彰氏が各企業に対して買収を仕掛けたり社内改革の要求を突きつけたりする活動を華々しく展開していました。ところが、東京地検特捜部は2006年1月にホリエモンを、同年6月に村上世彰氏をそれぞれ逮捕したのです。ホリエモンは証券取引法違反容疑（ライブドア事件）、村上氏はライブドア事件に関連したインサイダー取引容疑でした（2人の刑は裁判で確定）。

良し悪しはともかく、いずれにせよ日本の株式市場に強い刺激を与えていた2人が逮捕されたことによって日本の株式市場から活気が失われました。2007年には日本の株式市場も下げ相場になっていたのですが、ファーバー氏が講演のために来日したのはそんな時期だったのです。

ファーバー氏は講演で、当時のアメリカの経済成長は過去最大の資産バブルに依存していると指摘したうえで、世界的な株安と景気後退を予言し、金を中心とする商品投資への転換を推奨していました。また、私に会ったときには「日本の下げ相場は日経平均が8000円を割らなければ終わらない」といったのです。

ファーバー氏の予言通り、翌2008年9月に世界経済を襲ったのがリーマン・ショックでした。それで世界経済が未曾有《みぞう》の金融危機と景気後退に陥ったのは周知の通りです。

私に対する発言についても、リーマン・ショック直後の一時的に日経平均が8000円を割ってから上昇に転じたのでした。これもファーバー氏の予言が当たったのです。

世界の投資家の間でファーバー氏の名前が一躍有名になったのは、1987年10月

19日のブラックマンデー（香港市場に端を発した世界的な株価の大暴落）をかなり前から予言していたことでした。

ブラックマンデー後、日本の株式市場についても私と会ったとき同様、「いったんバブルが崩壊したなら、日経平均は8000円まで下げないとバブル崩壊も終焉しない」と予言しました。実際、日経平均は3万9000円台をピークに下がり続け、2003年4月に8000円割れとなってからようやく上昇に転じたのです。

ブラックマンデーの予言が当たったあと、投資家たちがファーバー氏にドクター・ドゥーム（DOOM）というニックネームを付けました。ドゥームには「運命、破滅、最後の審判」といった意味があります。ファーバー氏にはそんなドゥームを予言する力があるということです。

しかし、ファーバー氏の予言は超能力によるものではありません。直近の金の先物価格を銅の先物価格で割った値に基づいています。銅は実体経済を表しているので、割った値が大きければ、世界経済の先行きに対する不安心理が強くて、しかも不況になりかけているという意味になるのです。逆に、割った値が小さくなると景気の先行きに対する信頼感が盛り上がります（次ページ図参照）。

## 金と銅の価格に見る相場の動き

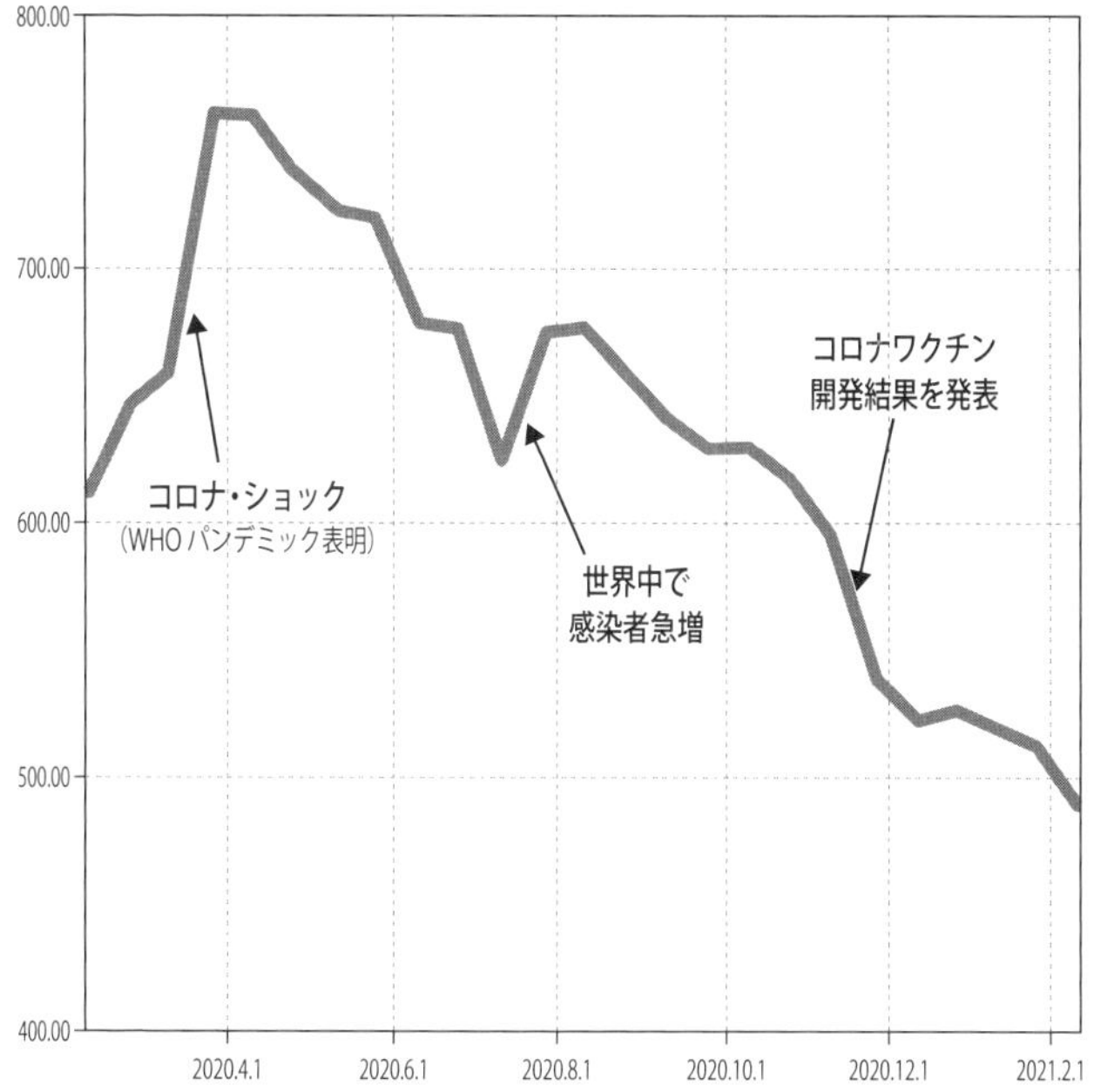


※金価格 ÷ 銅価格の値

それで、ファーバー氏は現在の世界経済の状況について、「バブル臭《くさ》いけれどもバブルではない。なぜなら2019年のトランプ大統領のときの、しかも中国への攻撃を始める前の状況になっているからである。その前のITバブルの状況と比べても、景気は加熱していないから、現在のところはまだ大丈夫だ」といっています。

現在の世界的な株価上昇についてもまだ心配ないということです。

## バイデノミクスにおけるトリプル・ブルー

大統領選と一緒に行われたアメリカ連邦議会の上院議員選挙および下院議員選挙の結果、アメリカの国政でトリプル・ブルーが実現しました。ブルーはバイデン大統領が所属する民主党のシンボルカラーです。トリプル・ブルーとは、大統領が民主党であることに加えて、上院と下院のいずれでも民主党議員が多数を占めることを指します。

民主党は下院（定数435議席）で222議席となり、過半数（218議席）を上回って多数党となりました。上院の議席は民主党も共和党も50議席ずつとなりましたが、採決で同数だったときには、民主党のカマラ・ハリス副大統領が1票投じることができるので、やはり民主党でも多数党ということになったのです。

さて、バイデン氏が大統領選で掲げた経済関連の主な公約は以下でした。

◎連邦法人税（21％から28％へ）、富裕層への税（最高税率を37・0％から39・6％へ）、高所得者のキャピタルゲイン（20％から39・6％へ）の税率の引き上げ。
◎先端技術の研究開発やアメリカ製品購入に4年間で7000億ドルを投資、クリーンエネルギーやインフラに4年間で2兆ドルを投資。
◎金融業界を規制するドット・フランク法を強化。
◎IT業界のプロバイダーを免責する通信品位法230条の無効化。
◎中国側の何らかの譲歩との引き換えによる関税の見直し。
◎ハイテク分野での中国との覇権争いは継続。

これらの公約はバイデノミクスとも呼ばれています。トリプル・ブルーとなったた

## バイデン氏の主な公約

| | |
|---|---|
| 増税 | 連邦法人税を21%から28%へ引き上げ／富裕層への増税（所得税の最高税率を37.0%から39.6%へ引き上げ）<br>高所得者のキャピタルゲイン税を20%から39.6%へ引き上げ |
| 産業政策<br>インフラ投資 | 先端技術の研究開発や米国製品購入に4年間で7000億ドルを投資<br>再生エネルギーやインフラに4年間で2兆ドルを投資 |
| 規制強化 | 金融業界についてはドット・フランク法の強化など<br>IT業界については通信品位法230条の免責無効化など |
| 通商政策 | 中国側が通商関係で何かしらの譲歩をすることを条件に、関税見直しも<br>ハイテク分野での覇権争いや、中国の軍事行動を牽制する動きは継続 |

め、バイデノミクスが実現できる可能性は確かに高まったものの、アメリカがコロナ禍に見舞われていることもあって、国民に負担を強いる増税にはすぐには手を付けられない状況です。

その代わり、国民の負担を軽減し経済成長にも貢献できる1・9兆ドル規模のアメリカ救済計画は連邦議会で早期に可決することができました。

また、バイデン氏は大統領に就任した2021年1月20日にさっそく、トランプ前政権が離脱した温暖化対策の国際枠組みである「パリ協定」に復帰する大統領令に署名しました。1月27日にも温暖化ガスの排出削減を進める大統領令に署名したのですが、これは連邦政府の管理地における新たな石油・ガス開発の規制などを通した化石燃料からクリーンエネルギーへの移行を目指しています。

当然ながら、これらの大統領令はバイデン大統領の「クリーンエネルギーやインフラに4年間で2兆ドルを投資する」という公約と軌を一にするものです。

クリーンエネルギーとは二酸化炭素や窒素酸化物などの有害物質を排出しない、または排出量の少ないエネルギー源のことですが、端的にいうといわゆる再生可能エネルギーのことです。具体的には太陽光発電、水力発電、風力発電、バイオマス発電、地熱発電などが挙げられます。バイデン政権はこれらの発電およびそれに関連したインフラに4年間で2兆ドルを使うわけです。

ただし、それと同時に有害物質排出削減の義務化などの規制や罰則の強化を含む法律の策定も行わなければなりません。けれども、こうした政策には反対する民主党や共和党の議員もいるので調整に時間がかかります。おそらくクリーンエネルギー関連の投資によって経済の浮揚効果が出てくるのは2022年以降になるのではないでしょうか。

企業関連ではバイデン政権のクリーンエネルギーへの巨額投資は建設業、再生エネルギー企業、ＥＶメーカーなどへの追い風となるのは間違いありません。

バイデン政権はまずアメリカ救済計画を実現させ、次にクリーンエネルギー関連の投資を行い、反面、増税を先延ばしにすることによって、経済に刺激を与えることを優先させているといえるでしょう。だから当面は、アメリカの景気は維持・成長し、同時に世界経済も拡大していくはずです。

## 強気になるしかない２０２１年の日本の相場の予想

エド・ハイマンという人物を私は40年前から知っています。ハイマン氏はウォールストリートの神様といわれるくらい株価を当てる打率が高いエコノミストです。

ハイマン氏が最近発表した数字によれば、２０２１年のアメリカの経済成長率は１月～３月がプラス３％、４月～６月がプラス10％になります。さらに7月～9月がプラス6％、10月〜12月がプラス6・1％です。非常に強気だといえるでしょう。

日本とアメリカの株価は92％くらいの相関係数があるので、アメリカの相場の翌日に反映される日本の相場もやはり好調となるはずです。

実は2020年12月の段階で、ハイマン氏は世界同時好況（シンクロナイズド・グローバル・グロース）の観点から、「2021年に日経平均は3万円に達する」と主張していました。まさにそれは的中したのです。

ハイマン氏は21世紀に入って世界同時景気拡大が確認されたのは2003年、2013年、2017年だと述べているのですが、日経平均はそれぞれ年間で24％、57％、19％上昇しました。これはダウ平均と同水準かそれを上回る実績です。

このハイマン氏の世界同時好況の観点は、今や世界の投資関係者の間ではほぼ共通認識になっています。ただし日本株の持ち高を増やすことについてはまだ共通認識とはなっていないかもしれませんが、私の考えではすでに述べたように外国人投資家の日本株買いはこれからどんどん増えていくはずです。

今年の日本株の見通しについて的中率のきわめて高いテクニカルアナリストに聞い

てみました。

マネースクエアのチーフテクニカル・アナリストの宮田直彦氏はエリオット波動から次のように予測しています。

「2020年3月安値（1万6358円）から長期の上昇トレンドが進行中（第3波）です。この波動の特徴は、上げ幅は大きく期間は長いということで、アベノミクス相場では10年間、幅にして1万7454円、率にして250％に達しました。この流れからは、史上最高値の3万8957円を更新してもおかしくありません」

ただし宮田氏は、目先は調整であって2021年前半は調整、秋以降に持ち直すというのがメインシナリオだと見ています。

なおエリオット波動というのはアメリカの株式アナリストだったラルフ・ネルソン・エリオット氏が提唱したもので、詳しい説明は第5章の宮田氏との対談に譲りますが、要するに「相場にはサイクルがあって値動きにも一定のリズムがある」という分析理論です。

私も非常に強気になっているというのはいうまでもありません。

## 世界の景気を引き上げる半導体市場とワクチン市場

2020年秋以降、世界は半導体不足に陥りました。まず足りなくなったのがパソコンやスマホ向けなどの半導体で、これは新型コロナウイルスによるテレワークやオンライン授業、動画配信サービスなどが世界中で広がったためです。

さらに自動車向け半導体の不足が突如浮上しました。世界最大の自動車市場を持つ中国をはじめ主要国で自動車需要が回復してきたからですが、自動車メーカーにとっても自動車向け半導体需要の勢いが想定以上だったため、不足に拍車がかかったのでした。

この半導体不足で、2021年に入って日産は国内で減産を始め、ホンダも国内、北米、中国で減産体制に入り、トヨタはアメリカでピックアップトラックを減産し、中国でも工場のラインを一部止めたのでした。

もちろん、日本メーカーだけではなく海外でもドイツのフォルクスワーゲン、アメリカのフォードなどが生産を落としています。テスラは2月に入って株価が下がってきたのですが、これにも半導体不足で最も売れている車種を減産したことが響いているのです。

半導体不足は自動車向けに象徴的に表れているといえるでしょう。逆にいうと、世界の好況がそれで裏付けされているという見方もできるわけです。

しかも、半導体需要が増えていくのは一時的な現象ではありません。これからも情報化社会は拡大し続けて情報機器の需要は増える一方となり、自動車もエンジン車からEV（電気自動車）への転換が進んでいくからです。

半導体産業に詳しい微細加工研究所の所長である湯之上隆氏は2011年に、世界の半導体市場は10年ごとに1125億ドルずつ増大して2050年には7500億ドルになると予測しました。これに従えば、2020年の世界の半導体市場は2010年の3000億ドルから1125億ドル増加して4125億ドルになっているはずです。

世界の半導体市場の2020年における確定した実績はまだ出ていないものの、WSTS（世界半導体市場統計）が2020年12月1日に発表した「2020年秋季の世界半導体市場予測」の見込みによれば、2020年は前年比5・1％増の4332億ドルでした。

つまり、2020年は湯之上氏の予測よりも現実の市場のほうが約5％大きいということです。さらに、WSTSでは2021年の市場は2020年よりも8・4％増の4694億ドルになると推定しています。世界の半導体市場が過去最高だったのはメモリバブルと呼ばれた2018年の4688億ドルでした。2021年はそれをも上回るのです。

となると、2050年の市場はどうなるのか。

2011年に湯之上氏が、7500億ドルという予測値を発表したとき、半導体業界関係者の間でも過大な数値だという声が多かったのでした。ところが、現実には湯之上氏の予測を超える増え方をしています。

そこで湯之上氏は最近改めて、2050年の世界の半導体市場は8622億円〜1兆123億円になるという予測値を発表しました。この通りに推移していけば、半導体は世界経済の牽引役であり続けるでしょう。しかも半導体は製造装置やウエハーなどの関連製品の産業もあって、半導体の需要が伸びるとともに関連製品の需要も伸びていくのです。だから、株においても半導体および関連製品の銘柄は有力な投資先になります。

半導体のほかに今後伸びていく市場として忘れてはならないのがワクチン市場です。関連産業も含めるとワクチン市場は２０２０年に２２１億ドルであり、２０２７年には４４３億ドルになると予想されています。

新型コロナウイルスが広がっているため、ワクチンの生産はアメリカだけではとても間に合いません。ヨーロッパでも日本でも中国でも生産されるため、ワクチン市場の拡大も世界の景気を引き上げる有力な要因となるでしょう。

## グローバルなサプライチェーンの再構築

サプライチェーン（供給網）は原材料・素材・部品の調達、製品の生産、物流・流通、販売までの一連のつながりなので、それがグローバル（世界規模）に展開するようになったのがグローバル・サプライチェーンです。

アメリカ企業としてもこれまでグローバル・サプライチェーンを構築してきた結果、中国で生産するようになったのでした。すなわち、アメリカ、日本、韓国などから輸入した部品を使って中国の工場で製品を組み立て、それをアメリカを中心に世界の消費地に輸出するようになったのです。

しかし、中国を含むグローバル・サプライチェーンに問題が出てくれば、脱中国などアメリカ企業もその解決を図っていく必要があります。脱中国によって生産地が中国からほかの国へと移っていくと、当然ながらグローバル・サプライチェーンの中身も変えていかざるをえないわけです。それがグローバル・サプライチェーンの再構築にほかなりません。

アップルを例にとると、上位250社の下請け会社は世界中にありますが、そのうちの4分の1が中国です。これはまずいということで、アップルもグローバル・サプライチェーンを再構築して下請け会社の比重を中国から日本、台湾、東南アジア諸国に切り換え始めています。

となると、中国でアップルの下請けをしていた外国企業も中国から逃げ出すことになるはずだし、また、実際にその動きが起こっています。

では、なぜアメリカ企業が脱中国でグローバル・サプライチェーンを再構築していくのか。理由は簡単であって、中国で生産すると、アメリカの安全保障の観点におけるデメリットが大きいからです。

アメリカ企業がそれを痛感するきっかけとなったのが、アマゾンが2018年10月、スーパーマイクロ・コンピューター製のマザーボードから極小のスパイチップを発見したことでした。このスパイチップがサーバーやパソコンのマザーボードに埋め込まれていると、外部の第三者がスパイチップ入りのサーバーやパソコンを勝手に操作できるようになるのです。

アマゾンは、スパイチップを発見したことをセキュリティ関連のアメリカ当局に通報したのですが、このとき、同じスパイチップが埋め込まれたマザーボードを持つサーバーやパソコンがアメリカの国防総省のデータセンター、CIAのドローンシステム部局、海軍のネットワーク部局のほか世界的な大企業約30社に納入されていることもわかったのでした。

これはあとで判明したのですが、アップルもすでに２０１５年に購入したサーバーのスーパーマイクロ製マザーボードに入れられていたスパイチップを見つけたため、スーパーマイクロとの取引を停止していたのでした。

スパイチップが埋め込まれたマザーボードをつくっていたのは、中国大連市《だいれん》にあるスーパーマイクロの下請け会社でした。この下請け会社を使ってマザーボードにスパイチップを埋め込ませたのは中国人民解放軍の工作員だったのです。となると中国政府の関係者も同様にアメリカの政府機関や企業の情報へのアクセスを行っていたに違いありません。

２０１８年10月、スーパーマイクロのマザーボードのスパイチップが発覚したのと同時期に、当時のペンス副大統領はアメリカのシンクタンクであるハドソン研究所で「最先端の軍事計画を含むアメリカの技術の大規模な窃盗は、中国の安全保障機関が黒幕です。中国共産党はその盗んだ技術を使って民間技術をどんどん軍事技術へと転用しています」と発言したのでした。

このようにアメリカ政府の要人も、アメリカの安全保障を中国が脅かしていると指摘しているのですから、アメリカ企業も中国を含んだグローバル・サプライチェーンを見直すのは当然だといえます。

この見直しによってアメリカ企業が日本、台湾、東南アジア諸国に進出する動きを活発化させ、そのための投資を行っていくことが、世界経済に好影響を与えるのはいうまでもありません。

# 第3章

# 外国人投資家たちの世界マネーが日本に流れる理由

## 「青木ルール」に基づくと安定している日本の政治

外国人投資家は日本の政治の安定性を高く評価しています。海外からは、安倍政権が7年8カ月も続いたので、他国と比べて政治が非常に安定しているように見えるのです。

中国の習近平国家主席とロシアのプーチン大統領も安定性では安倍前首相に匹敵していますが、いずれも統制色の強い国で、中国は共産主義を掲げています。自由主義圏で長期的に安定しているのはドイツのメルケル首相だけでしょう。

日本の政治の安定性という面から外国人投資家が注目しているのが、いわゆる「青木ルール」です。これは自民党の青木幹雄元参院議員が自らの経験に基づいて考案したもので、「青木の法則」とか「青木方程式」とも呼ばれていて、日本政界では、政権の安定度を評価する指標としてよく用いられています。

要するに、マスコミの世論調査で内閣支持率と首相が所属する政党の支持率とを合わせて50%を超えているなら政権が持つ、というものです。逆にいうと、内閣支持率と政党支持率の合計が50%を下回ったらその政権は倒れます。

日本では、2006年から2012年まで6年間は政権が毎年変わるという状況にありました。5年5カ月続いた小泉政権が2006年に退陣したあと、第1次安倍政権、2007年の福田政権、2008年の麻生政権、2009年の鳩山政権、2010年の菅（直人）政権、2011年の野田政権と毎年首相が交代しました。

このうち、病気で辞めた第1次政権の安倍首相以外の5人の首相は退陣するときに、内閣支持率と政党支持率の合計が50%を割っていました。青木ルールが当てはまったのです。

2020年9月に発足した現在の菅政権については、永田町の口さがない人たちは、「菅内閣とかけて作業着と解く、そのこころはツナギ」といっていて、短命政権を示唆しているのですが、青木ルールに照らすと、今のところ50%を大幅に超えた水準を保っています。とすれば、菅政権の持続性について疑問を呈するのは時期尚早でしょう。

ただし、2021年9月に自民党総裁選が予定されており、10月21日は衆議院議員の任期が満了します。菅首相が自民党総裁選で敗れれば退陣しなければなりません。また、少なくとも衆議院議員の任期満了までに総選挙が実施されるので、そこで与党が大敗を喫するようなことになったら、政権交代にはいたらなくても菅首相は責任を取って辞任に追い込まれる可能性はないではない、といえます。

けれども、外国人投資家から見れば、現状の日本の政治が安定しているのは間違いありません。それが外国人投資家にとって日本株の買い材料になっているわけです。

## バイデン政権になっても当面は米中対立が続く

バイデン政権が本格的に中国と対決する気があるのかどうかは疑わしいのですが、アメリカの大半の国会議員および軍産複合体を中心とした支配層は「反中」「反習近平」で一致しています。今のところバイデン政権も中国に対して強腰の姿勢を見せなければなりません。

それが表れたのが、2021年3月18日と19日にアメリカのアラスカ州アンカレッ

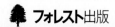

ジで行われた米中の外交担当者同士の会談でした。

バイデン政権はアンカレッジでの会談に臨む前にそれなりに周到な準備をしました。3月12日にアメリカは日本、オーストラリア、インドというクアッドでのオンライン首脳協議を行い、3月16日には東京で対面による日米2プラス2（外務・防衛担当閣僚協議）、翌3月17日にはソウルで、やはり対面の米韓2プラス2を済ませたのでした。

日本の2プラス2では、日本側が茂木敏充外相と岸信夫防衛相、アメリカ側はブリンケン国務長官とオースティン国防長官が出席し、沖縄県尖閣諸島周辺での中国の活動を批判する成果文書をまとめました。

成果文書では、尖閣諸島について「日本の施政を損なおうとする、いかなる一方的な行動にも引き続き反対する」と記述し、米軍の日本防衛義務を定めた日米安全保障条約5条の適用範囲に尖閣諸島が含まれることを改めて確認しました。

さらに、「ルールに基づく国際体制に反するような地域の他者に対する威圧や安定を損なう行動に反対する」と書き込みました。名指しはしていないものの、「威圧や安定を損なう行動」を行う国が中国なのは明らかです。

アメリカの前政権の外交は、トランプ前大統領自身が力説していたようにディール（取引）でした。それで対中交渉も、高関税や中国製品の排除をちらつかせて貿易での譲歩を迫るという2国間の経済取引という側面が強かったのです。バイデン政権では同盟国との連携関係を強調し、多国で中国を包囲して圧力をかけるという手法に変わりました。

アンカレッジでの会談に出席したのは、アメリカ側がブリンケン国務長官とサリバン大統領補佐官、中国側が楊潔篪《ようけつち》政治局委員と王毅《おうき》外相です。両者の会談では激しい応酬が繰り広げられました。

そこでのアメリカ側の主張は以下です。

◎我々の政権はアメリカの利益を促進し、ルールに基づく国際秩序を強化する外交を進めると決意している。

◎新疆《しんきょう》ウイグル自治区、香港、台湾、アメリカへのサイバー攻撃、同盟国への経済的な強制行為に関する我々の深い懸念についても提議する。これらの行為はいずれも世界の安定に欠かせないルールに基づく秩序を脅かすものである。

◎米中関係は競争すべきところは競争的に、協調できるところは協調的に、敵対しなければならないところは敵対的になるべきである。
◎世界や中国に対するアメリカのアプローチがアメリカ国民に利益となり、同盟国やパートナーの利益になることを明確にするのがアメリカ側の最優先課題だ。我々は衝突を求めていないが、厳しい競争は歓迎する。

いっぽう、中国側は次のように主張しました。

◎戦略的対話のためにアンカレッジに来た。
◎中国と国際社会が支持しているのは、国連を中心とする国際システムと国際法に裏付けられた国際秩序であって、一部の国が提唱するいわゆる「ルールに基づく」国際秩序ではない。アメリカにはアメリカ流の民主主義があり、中国には中国流の民主主義がある。
◎新疆、チベット、台湾は中国の不可侵の領土で、アメリカが中国の内政に干渉することに断固として反対し、毅然とした行動を取るつもりだ。

◎サイバー攻撃を開始する能力や配備できる技術ではアメリカが王者である。この問題について他国を責めることはできない。
◎経済的関係の摩擦には合理的なやり方で対応し、ウィンウィンの成果を求めることが重要である。

以上の両国の主張は今後の米中関係を占ううえで非常に重要です。ただし今回は、アメリカの政権が交代したことから、両国ともまず国内向けに相手と激しく対峙《たいじ》していることを見せたかったのでしょう。逆にいうと、この会談の目的が国内向けであるという点で両国の思惑は一致していたのです。

また、両国の人権や安全保障における主張がまったく噛《か》み合わなかったため、次回の会談がいつ開かれるか、その見通しも含めて何も決まりませんでした。

アメリカは、ファーウェイをはじめとした中国のＩＴ企業の排除を続けていくでしょう。それは日本企業にとっては漁夫の利であり、日本企業に投資する外国人投資家にとってもプラスになるのはいうまでもありません。

## 菅内閣のヒット・東京をアジアの国際金融センターに

菅政権は国際金融都市構想を重要政策課題に掲げています。国際金融都市とは、世界のマネーが集まりグローバルな金融取引や投資活動の拠点になる都市で、ニューヨークやロンドンなどが代表的です。国際金融センターともいわれます。

東京は都心5区のオフィス面積がニューヨーク・マンハッタンの2倍もあって都市としての経済規模は大きく、国際金融センターとしての潜在能力は十分にあるのです。だから、日本も過去20年以上にわたって東京を国際金融センターにしようとそれなりに努力してきたのですが、いまだに実現できていません。

こうしたなか、2019年6月にアジアの国際金融センターである香港が政情不安に陥りました。きっかけとなったのは、香港の行政長官が中国本土への容疑者引き渡しを可能にするために逃亡犯条例を改正しようとしたことに対し完全な撤回を求めて200万人規模のデモが起こったことでした。

以後も政情不安が続いたため、それを鎮《しず》めようと1年後の2020年6月に施行されたのが国家安全維持法です。この法律は、国の分裂や政権の転覆を図ったり外国の勢力と結託して国家の安全を脅かしたりする行為を取り締まることが目的なのですが、香港の金融関係者の間では金融活動へも悪影響が及ぶかもしれないという懸念が広がりました。というのは、法の支配や司法の独立が揺らいで、情報アクセスの自由の制限、金融機関への行政の直接介入なども想定されるからです。

想定が現実のものとなれば香港から金融人材が流出して、中長期的には香港は国際金融センターとしての地位から滑り落ちる可能性も出てきます。

しかし、それは東京にとっては香港から流出する金融人材の受け皿になるとともに国際金融センターの地位を獲得するチャンスにもなりうるのです。このことが日本でも改めて国際金融センターの実現に本腰を入れようという機運が盛り上がることにつながり、菅政権も国際金融都市構想に従来にも増して力を入れるようになったのでした。

では、なぜこれまで東京が国際金融センターになれなかったのか。

最も大きな問題は税制でした。財務省が所得税の税率引き下げに強く抵抗してきたからです。

香港の所得税は最高税率が17%なのに対し日本は45%、しかも日本では10%の住民税も払わなくてはならず、最高税率は55%にもなってしまいます。これでは、外資系の金融機関や外国の金融人材が東京でのビジネスに二の足を踏んでも仕方がありません。

事情がわかっている菅政権は、海外の高度な金融人材の所得税の負担を軽減する措置を盛り込んだ税制改正大綱を2020年12月21日に閣議決定しました。

すなわち、ファンドマネジャーの業績連動報酬への所得税負担を軽くするために、たんに所得ではなく金融所得という形で20%の税率を適用することにしたのです。

これまでは通常の所得税が適用されたので、所得が増えるほど税負担が重くなる傾向がありました。また、法人税でも外国人役員に払う業績連動報酬について損金算入を認める企業の対象を広げることにしたのでした。

こうした税制改正に踏み出したことによって、外国人の菅政権への評価は非常に高くなってきたのです。菅政権のヒットなのですが、ただしこれには日本のマスコミはまったくふれていません。無視しているのではなく、日本のマスコミが外国人の菅政権への評価についてよく知らないからでしょう。

菅政権の取り組みは、日本株に投資する外国人投資家を増やしていくのは間違いありません。東京が国際金融センターになる日もそれだけ近付いてきたといえます。

## ありえない「日本国債紙クズ論」のバカらしさ

日本では多くの人たちが「日本国債は紙クズになる」とよくいいます。私にしたら、もうとんでもありません。なぜバカなことをいうのか。

それがわかるのにいちばん手っ取り早いのは、日本国のバランスシートを見ることです。ただしバランスシートが出るのは2年先であって、2020年度のバランスシートが出るのは2022年4月になります。

もっとも、元財務官僚の経済学者である高橋洋一氏も「日本国債が紙クズになることはありえない」と強く主張しています。高橋氏は財務省にいたので、財政については非常に詳しいのです。

高橋氏は「日本国債が紙クズになるというのは、日本国の借金のことだけしか考えていないからだ。それは税金を取りたい財務省と出入りのエコノミストがいっていることであって、事実ではない。日本国には巨額の資産もあるので、資産も入れると日本国の財政赤字は実はせいぜいアメリカ並みにでしかない」といっています。つまり、借金が多くてもそれを補う資産も多いため、デフォルト（債務不履行）になることはありません。

日本国債が紙クズにならないもう1つの理由は、日本国債の96％は日本国内で買われているからです。しかも、そのほとんどを買っているのは日銀であり、日銀の50％以上の株を持っているのは政府なのです。

では、残りの4％は外国で買われているかというと、これも違います。外国人が日本円で買っているのです。たとえていえば、家庭内でのお金の貸し借りにすぎません。つまり、お母ちゃんがお父ちゃんから借金をしているようなものです。

したがって、「国債残高のGDP比率がギリシャ以上に大きい日本は危ない」というのも誤りとなります。まず日本円と違ってもともとギリシャの通貨ドラクマには国際的な信用はありませんでした。ユーロ圏に加わったことによって初めてギリシャは国債を他国から買ってもらうことができるようになったのです。通貨ユーロがギリシャ国債の信用を裏付けする形となったわけで、その結果、ギリシャ国債の70％を外国人投資家が保有するにいたったのでした。

ギリシャは人口がわずか1100万人ほどの国で、GDPもユーロ圏の3％を占めるにすぎません。そんな小国のギリシャの財政危機が2010年にヨーロッパのみならず世界を揺るがすほどの大問題になったのは通貨ユーロを通じてギリシャ国債の70％を外国人投資家が保有したからでした。

日本国債は外国の通貨を巻き込んでいないし、日本円で買われているのですから、危機の起こりようがないのです。

まだ日本国債が紙クズにならない理由があります。金利です。政府が財政危機宣言を発したのは1995年11月で、首相は村山富市氏、蔵相は武村正義氏でした。

この財政危機宣言を真に受けたのがアメリカのある有力ヘッジファンドです。日本国債を大量に空売りしたものの、日本国債は暴落せず、そのヘッジファンドは大きな

郵便はがき

料金受取人払郵便

牛込局承認

2000

差出有効期限
令和4年5月
31日まで

162-8790

東京都新宿区揚場町2-18
白宝ビル5F

フォレスト出版株式会社
愛読者カード係

| | |
|---|---|
| フリガナ<br>お名前 | 年齢　　　　歳<br>性別（ 男・女 ） |
| ご住所　〒<br><br>☎　　（　　　）　　　FAX　　（　　　） | |
| ご職業 | 役職 |
| ご勤務先または学校名 | |
| Eメールアドレス<br><br>メールによる新刊案内をお送り致します。ご希望されない場合は空欄のままで結構です。 | |

フォレスト出版の情報はhttp://www.forestpub.co.jpまで!

# フォレスト出版　愛読者カード

ご購読ありがとうございます。今後の出版物の資料とさせていただきますので、下記の設問にお答えください。ご協力をお願い申し上げます。

●ご購入図書名　「　　　　」

●お買い上げ書店名「　　　　」書店

●お買い求めの動機は?

1. 著者が好きだから　　2. タイトルが気に入って
3. 装丁がよかったから　　4. 人にすすめられて
5. 新聞・雑誌の広告で(掲載誌誌名　　　　)
6. その他(　　　　)

●ご購読されている新聞・雑誌・Webサイトは?

(　　　　)

●よく利用するSNSは?(複数回答可)

□Facebook　□Twitter　□LINE　□その他(　　　　)

●お読みになりたい著者、テーマ等を具体的にお聞かせください。

(　　　　)

●本書についてのご意見・ご感想をお聞かせください。

●ご意見・ご感想をWebサイト・広告等に掲載させていただいてもよろしいでしょうか?

□YES　□NO　□匿名であればYES

contents

## 石井裕之氏

禁断の話術&心理術
「コールドリーディング」の秘訣(動画)

著書累計250万部を超える石井裕之氏(セラピスト パーソナルモチベーター)が、ニセ占い師やエセ霊能者が使う禁断の話術&心理術「コールドリーディング」の秘訣を公開!
一瞬で相手の信頼を得るために「偽占い師が使うテクニック」ストックスピールなどを解説します。

## 今井澂氏

6分類で考える個別株投資の分析手法
〜ウラ読み特別版〜(MP3)

投資初心者へ向けて解説!
個別株を6種類に分類し、それぞれに対する分析を解説。
個別株を分析して、2番底の安値で優良株を仕入れましょう!

## 佐川奈津子氏

人間関係のねじれや怖れを取り除く見方のレッスン
〜2019年最新版〜(動画)

嫌われたくない、好かれたいと思っているのに、現実には逆のことが身の回りに起きている…
そんな人間関係の不思議について、怖れを取り除く見方のレッスンをお届けします。

## ひすいこたろう氏 × 大嶋啓介氏

"先に祝う"ことで願いを実現!?

予祝(よしゅく)のススメ(MP3)

古来日本からある、予祝(よしゅく)という手法を使って、

•成約ゼロの状態から、2年連続日本一の保険セールスマンへと変貌!

•ある予祝ワークで年収一億円を突破!

•弱小校が短期間で甲子園進出!

などなど、信じられないような結果を出している人達が続出中です。

累計9万4千部突破のベストセラー『前祝いの法則』著者のひすいこたろう氏·大嶋啓介氏がありとあらゆる願いを実現する予祝の方法などを、あなたに伝授します。

## 横山信弘氏

ロジカルトーク3メソッド(動画)

「伝えたいことがうまく伝わっていない…」
「部下が思うように動いてくれない…」
あなたはこのように思ったことがありませんか?
相手との話を噛み合わせ、相手を動かすためのトークメソッドを"絶対達成"コンサルタントがあなたへ伝授します!

痛手を受けてしまいました。しかも何年か前に潰《つぶ》れたと聞いています。

1995年11月の長期金利は3・2％でした。以後も上昇することなく、現在は0・065～0・12％です。ギリシャ危機を引き起こしたギリシャ国債の金利は2012年には30％に達しました。金利を見ただけでも日本とギリシャの状況はまったく違うのです。

国の資産、保有者、長期金利の3点から日本国債が紙クズになることはけっしてありません。

## 1つの大きな心配はカート・キャンベルの起用

日米関係については、ただ1つ心配なことがあります。

バイデン大統領がホワイトハウスのNSC（国家安全保障会議）に新設したインド太平洋調整官というポストにカート・キャンベル氏を起用したことです。キャンベル氏は2009年から2013年までにオバマ政権で国務次官補（東アジア・太平洋担当）を務めて、対日・対中政策などを担当しました。

当時から知日派というイメージができており、日本政府の外交・安全保障担当者のカウンターパートだったので、今でもキャンベル氏と親しい日本政府の関係者も少なくありません。そういう人たちの多くは、キャンベル氏がインド太平洋調整官に起用されたことをバイデン政権のアジア政策重視の姿勢の表れだとして評価しています。

しかし、アメリカの反中派の政治関係者は、オバマ政権時代にキャンベル氏が打ち出した「戦略的忍耐」「リバランス（アジア太平洋重視政策）」などの多くが失敗したとして批判しているのですが、失敗したのはキャンベル氏が中国寄りであることが大きいと考えています。

中国寄りの根拠の1つには、キャンベル氏のコンサルティング会社がアメリカの投資家たちに対して、一帯一路政策に関わる中国共産党系企業に出資するように勧めたという話もあります。

だからアメリカの反中派の政治関係者は、バイデン政権でも中国の利益になるようなことをするのではないかとキャンベル氏に対して強い警戒感を抱いています。

また、日本との関係についても、知日派というよりはジャパン・ハンドラーズと呼ばれるアメリカによる日本支配構造人脈の中心的人物だという見方も根強くあります。だから日本の国益などどうでもよく、日本の現政権の人気が下落しアメリカにとっても役に立たないと見ると、キャンベル氏はその政権を潰すために動くことも平気でできるのです。

２００９年7月、民主党の代表だった鳩山由紀夫氏は政権交代をかけた総選挙を1カ月後に控え、沖縄県宜野湾市《ぎのわん》にある米軍普天間《ふてんま》基地の移籍先について「最低でも県外の方向で積極的に行動したい」と発言しました。その後、民主党が総選挙で勝利して鳩山政権が発足したのですが、「最低でも県外」を実現する目途が立たなくなって国民の人気もどんどん落ちてきました。このとき、鳩山政権を潰して菅（直人）政権へと移行させるという工作活動を担ったのがキャンベル氏だったのです。

鳩山政権の「最低でも県外」は米軍にとっては迷惑な話で、菅政権が発足すると「最低でも県外」などとはまったくいわなくなりました。「最低でも県外」が実現できない鳩山政権に対して日本の大新聞の論調も批判的になっていったのですが、それについてもキャンベル氏の工作があったのでしょう。

さらにもう1つ注意すべきなのは、キャンベル氏は中国寄りだけでなく韓国寄りでもあるということです。

キャンベル氏は韓国政府から高位の勲章を授与されています。それは日韓関係について韓国の主張に理解を示し、日本側に歴史問題への配慮や靖国参拝を控えるように促したことに対するものなのです。

今回、キャンベル氏がインド太平洋調整官としてアジア太平洋地域のアメリカ外交に深く関わるようになったことは、日本の外交・安全保障政策に対するアメリカの内政干渉を強める可能性があります。その点を菅（義偉）政権としても留意して日本の国益を守っていかなければなりません。

## 米中首脳の電話会談と台湾への中国の攻撃

バイデン大統領は2021年2月10日、大統領に就任して初めて習近平主席と電話で会談しました。2時間の会談だったので、通訳を除くと正味の首脳会談は1時間だったのですが、では会談ではどんなことが話されたのか。

まずホワイトハウスの発表によると、バイデン大統領は習近平主席にこう伝えました。

「アメリカ国民の安全と繁栄を守ることに加えて、『自由で開かれたインド太平洋』を維持することが自分の優先課題である。中国政府による不公正な経済慣行や国有企業優遇のほか、香港での弾圧、新疆ウイグル自治区での人権侵害、台湾を含む周辺地域での威圧的行為を強く懸念している。アメリカ国民と同盟国の利益を促進するうえで現実的かつ結果重視の関与を行っていく」

かたや中国外務省によれば、習近平主席はバイデン大統領に次のように述べました。

「台湾、香港、新疆ウイグルについては中国の内政で、中国の主権に関わることである。アメリカは中国の核心的利益を尊重し慎重になるべきだ。中米は各種の対話メカニズムを再構築し、互いの政策意図を正確に理解し、誤解を避けなければならない。両国の外交部門は重大な国際・地域問題について深く意思疎通することができるし、米中両軍の交流を通じて信頼を醸成する必要もある」

両首脳は、新型コロナウイルス対策をはじめとする国際的な公衆衛生、気候変動、武器の拡散防止といった共通の課題についても意見交換を行いました。

以上のほかにも重要なことが話されたかもしれませんが、公表されていないので不明ですが、電話会談が終わった直後、バイデン大統領は国防長官を呼んで、「とくにアジアに海軍を動員できるように準備しておけ」と指示したとのこと。これはゾッとする話であって、アジアでの中国との武力衝突に備えよということです。

2020年12月、私は中国出身の評論家である石平《せきへい》氏と懇談しました。そのとき石平氏は、私にまず「習近平主席は2021年中に90％くらいの確率で台湾を攻撃するでしょう。その準備は着々と進んでいます。

なぜ台湾を攻撃するかというと、李克強《りこくきょう》首相との対立が先鋭化しているためで、習近平主席の地位を高めるためには中国の共産党員および国民の目を海外に向けたほうがいいとの判断からです」といったのです。

しかしそのうえで、「台湾の蔡英文《さいえいぶん》総統は中台関係の現状維持を掲げながらも、中国が主張する『一つの中国』を認めない考えを示しています。それを口実に台湾を攻撃するということですが、本格的な戦争はやらないかもしれません。アメリカの第7艦隊が台湾を含む東アジアから一時的に離れたすきに、中国が台湾に向けてお茶を濁《にご》す程度の砲撃を行うことで終わる可能性もあります」とも付け加えました。

なお、「一つの中国」とは「台湾は中国の不可分の領土であって、中国は1つしかない」という中国の立場からの政治的見解です。

もし本当に中国が台湾を攻撃するとしたら、石平氏はその確率は2021年中に90%といいますが、具体的な時期はいつになるのでしょうか。私が聞いた何人かの中国の事情通の話を総合すると、北戴河《ほくたいが》会議が開かれる直前の6月だろうと予想されています。

以前から中国共産党の重要な決定事項は河北省《かほくしょう》秦皇島《しんこうとう》市の避暑地・北戴河で毎年行われる非公式会議で決められるとされてきました。これが北戴河会議で、毎年8月に2週間ほど開かれ、共産党の現役幹部のほかに党に強い影響力を持つ長老たちも参加するとされています。つまり、北戴河会議は中国の最高指導者に対して長老たちがいろいろと注文を付ける場ということなのです。

であれば、現在の最高指導者の習近平主席も長老たちから責められる前に台湾を攻撃して台湾問題に一生懸命に取り組んでいるとアピールするのではないか。そう中国の事情通は考えているわけです。

付言すると、台湾を攻撃するためには尖閣諸島を占領したほうが好都合という話もあるのですが、２０２１年３月16日の日米２プラス２でもアメリカによる尖閣諸島の防衛が確認された以上、中国が尖閣諸島を占領するために攻撃するようなことはないでしょう。

# 第4章

# 今、どんな銘柄を買うべきなのか?

## 私のニックネーム「マネードクター」の由来

私には「マネードクター」というニックネームがあります。かつて『週刊文春』に「マネードクター今井澂」という連載ページを持っていました。この連載のきっかけとなった『週刊文春』の編集者の言葉でこのニックネームが付いたのです。

某大新聞に投資の質問欄がありました。特定の銘柄について「この銘柄を保有していますが、どうしたらいいでしょうか」という質問がくると、回答は「売り」か「持続」でした。また、「この銘柄は買ったほうがいいですか」という質問なら、だいたい「買い」という回答でした。

しかし私は、いずれにしてもこのような回答はおかしいと思いました。というのは、投資する人の置かれている立場によって投資すべきものが違ってくるはずだからです。

たとえば、１００万円を投資するとき、30代で自営業者ならリスクのある商品に投資してもかまいません。ところが、50代後半、60代前半のサラリーマンはリスクのある投資商品は持つべきではないでしょう。ましてや夫に先立たれた70代の妻の立場なら絶対にリスクのある商品に手を出してはいけないのです。

某大新聞の回答は、質問者の立場をまったく考慮に入れていません。だから、夫に先立たれた70代の妻にハイリスク・ハイリターンの商品を勧めるようなことにもなってしまうのです。これではまるで、風邪をひいている患者に医師が胃薬を処方するようなものでしょう。となれば、そのまま風邪をこじらせて肺炎になってしまうかもしれません。

たまたま『週刊文春』の編集者にこうした話をしたところ、「それでは、今井先生がマネードクターになって、投資関連の話題を書くようにしたらどうですか」というので、「マネードクター今井澂」がスタートしたのでした。

改めていうと、投資をするときには、年齢、性格、収入の度合い、目的、投資期間によってどんな投資商品を買うのか、という処方箋を考えなければならないのです。

## 国内だけでなく新興国関連の投資も考えるべき

これからの投資では日本国内だけではなく海外へも目を向けなければならない時代になってきました。

過去20年間の経済成長の度合いを比べると、日本が1・7倍なのに対しアメリカは4倍、ヨーロッパは3・8倍、中国は54倍でした。中国は発展途上なので高く見えるけれども、ベトナムや台湾、インドなどはそれ以上に成長しています。

結局、先進国よりも新興国のほうが成長率が大きかったのですが、では、これからはどうなるのか。

世界経済に占める新興国の割合は2000年の20%程度から2020年には40%程度まで上昇していて、ニッセイ基礎研究所が2020年10月に発表した「中期経済見通し（2020年~2030年度）」によると、先行きの成長率を先進国と新興国に分けた場合、新興国は先進国の成長率を一貫して上回ります。

しかし、新興国では新型コロナウイルスへの適応に比較的時間がかかり経済への恒久的被害が大きいこと、需要低迷や脱炭素志向の高まりから原油需要が伸び悩み産油国の成長を阻害すること、少子高齢化に伴い潜在成長率の低下が進むことなどを前提としたうえで、新興国の成長率も予測期間(2020年~2030年)後半には3%台後半まで低下する、というのがこの中期経済見通しの予想です。

ただし、新興国の成長率は今後緩やかに低下するとはいえ、相対的には先進国よりも高い成長を続けることから、世界経済に占める新興国の割合は予測期間末の2030年には50%近くまで高まるだろう、とも述べています。

新興国の成長率のほうが先進国よりも高い以上、投資の対象は国内だけに絞るのでなく新興国にも広げるべきでしょう。私は、ポートフォリオで最大の比重は日本株に置くとしても、新興国への投資を財産に加えることは不可欠だと思っています。

新興国だと株式の銘柄を指定することはできないので、やはり投資先は投資信託になるのですが、それに投資したほうがいいというのが私のアドバイスです。

新興国関連で投資を検討すべき投信を以下に3つご紹介しておきます。

**野村アセットマネジメント「NEXTFUND 新興国株式・MSCI エマージング マーケット・インデックス（為替ヘッジなし）連動型上場投信」** 1681　ETF　東証

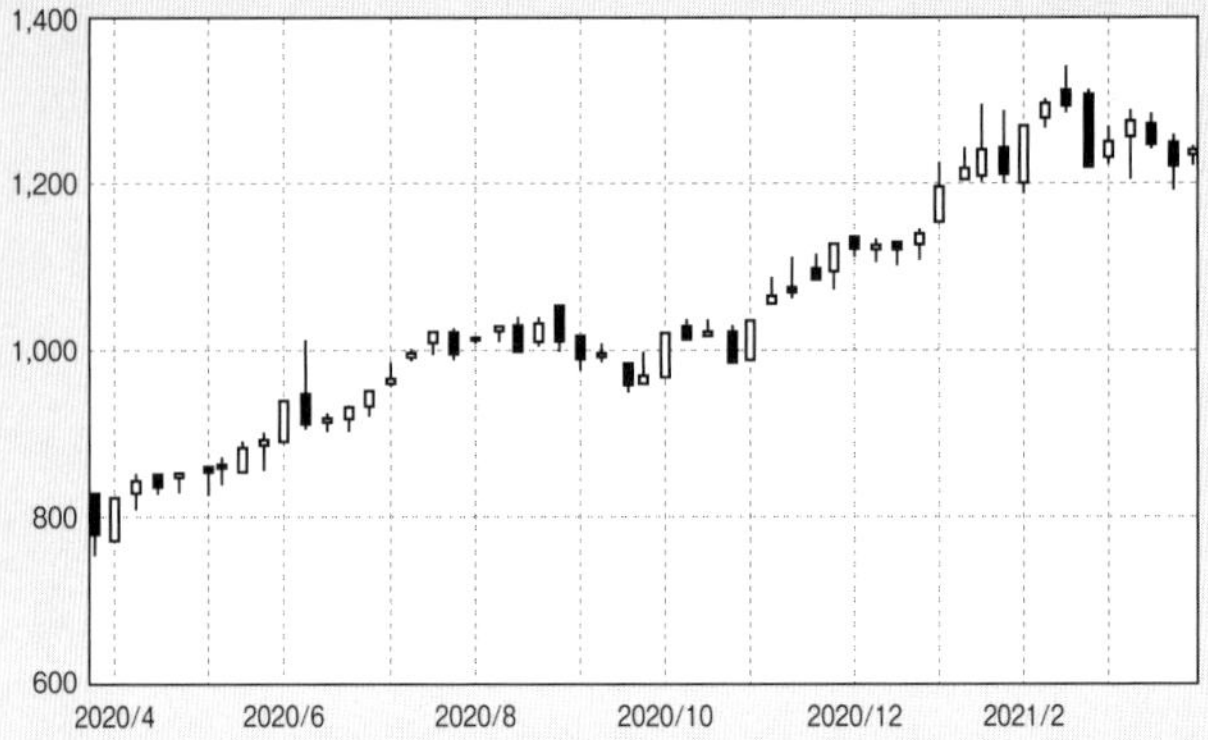


**UBS ETF「MSCI アジア太平洋（除く日本）」**
1390　ETF　東証

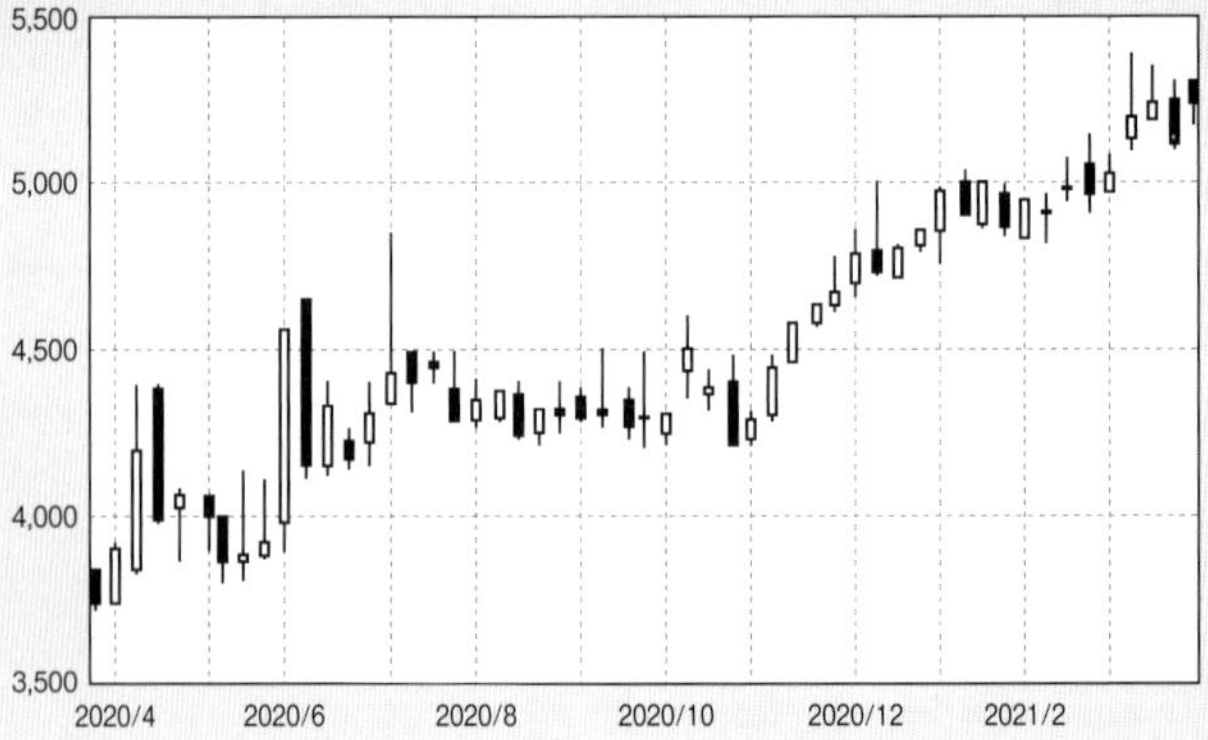

日興アセットマネジメント「上場インデックスファンド 海外新興国株式（MSCI EMERGING）」1681 ETF 東証
2,000
1,800
1,600
1,400
1,200
1,000
2020/4
2020/6
2020/8
2020/10
2020/12
2021/2

## 産業構造の大変化が進行中で大企業でも危ない

今は産業構造の大転換が起こっています。すなわち、デジタル化、グローバル化、サステナビリティ（持続可能性）が同時に進行しているのです。したがって、企業も経営者がよほど優秀でないと、成長はおろか、維持していくことすらできません。

象徴的な例がカネボウです。この会社は１８８７年（明治20年）に東京府南葛飾郡隅田村の通称・鐘ケ淵《かねがふち》（現・東京都墨田区墨田）に東京綿商社として創立され、１８９３年に社名を鐘淵紡績に改称しました。戦前の繊維産業は日本の基幹産業で、明治から昭和初期にかけて国内製造業で売上高ナンバーワンとなったのです。戦争では国内外の工場を失いましたが、戦後、大企業として復活しました。

私は１９５４年（昭和29年）に浦和高校を卒業し、1年浪人して翌年に慶應義塾大学に入りました。大学1年生だった6月、大学を卒業して会社員になったばかりの先輩と会う機会がありました。先輩のパリッと背広が眩《まぶ》しく見えたことをよく覚えています。そのときに先輩はこういいました。

「俺が入った企業は製造業では日本でいちばん大きな会社だよ。子会社もたくさんある。俺は常務くらいにはなる予定だ。常務になれば少なくとも子会社の社長にはなれるから、一生食いっぱぐれがないね」。この先輩の入社した会社がカネボウでした。

今、講演会で「私が大学生だった当時、日本でいちばん大きな会社はどこだったと思いますか」と聞くと、たいがいの聴衆の答えは新日鐵（現・日本製鉄）か三菱重工業なのです。しかし当時は、八幡製鉄と富士製鐵の合併前だったので新日鐵はまだ存在していなかったし、三菱重工も三菱日本重工業、三菱造船、新三菱重工業の3社に分かれたままでした。

現在の人には、当時のいちばん大きな会社がカネボウというのは意外でしょうが、それは繊維産業が日本の主力産業だったという証《あかし》でもあります。日本の繊維産業が廃れていくとともにカネボウも業績不振に陥りました。紆余曲折《うよきょくせつ》を経て有望な新事業への進出に失敗し、2007年6月に解散にいたったのは周知の通りです。

現在のデジタル化、グローバル化、サステナビリティが同時進行しているという時代の大転換に乗り遅れると、大企業であってもカネボウのような末路をたどることになるでしょう。だから投資するときには、時代の大転換をとらえている企業を選ばなくてはならないのです。

## 「消える仕事」の人は今お金を殖やしておくべき

これからの時代、「消える仕事」「残る仕事」を18業種ずつ挙げたのが『週刊東洋経済』（2021年1月30日号）でした。

まず「消える仕事」は、銀行員、タクシー運転手、パイロット、アパレル店員、飲食店オーナー、コンビニオーナー、大学教授、弁護士、自動車セールス、保険外交員、新聞記者、広告営業、ディーラー・トレーダー、受付、機械オペレーター、警備員、通訳、添乗員です。

反対に「残る仕事」には、データサイエンティスト、精神科医・心療内科医、警察官、介護福祉士、美容師、ユーチューバー、お笑い芸人、フードデリバリー、ダンスインストラクター、eスポーツ、ペットショップ店員、オンラインサロン、1級建築士、リフォーム業者、パティシエ、棋士、経営コンサルタント、スタートアップ起業家が並んでいます（次ページ図参照）。

これら36の仕事については業界最新事情と2030年の状況も掲載されていて、たとえば銀行員のそれぞれの一部を紹介すると、業界最新事情では「目下の焦点は収益環境の厳しい地方銀行だ。経営改革を後押しし競争力を向上させるために、合併特例法の施行、日本銀行による当座預金金利上乗せのほか、政府によるシステム統合費用への補助金等も俎上《そじょう》に載せられている」と記されています。

いっぽう、2030年の状況は「長期の超金融緩和で利ザヤが悪化、大幅リストラを迫られているのが銀行だ。駅前の支店はビルの2階にある空中店舗になり、窓口やATMはスマホのネット銀行に代替される。融資でも、取引先の膨大なデータをAIが瞬時に読み込んで信用調査をこなし、現在の主要業務は置き換えられるかもしれない」というものです。

しかし、2030年の状況で大幅リストラが迫られているというのはちょっとスピードが遅いような気がします。2025年ごろまでには大幅リストラを余儀なくされ

## 「消える仕事」と「残る仕事」

### 消える仕事

| | |
|---|---|
| 銀行員 | タクシー運転手 |
| パイロット | アパレル店員 |
| 飲食店オーナー | コンビニオーナー |
| 大学教授 | 弁護士 |
| 自動車セールス | 保険外交員 |
| 新聞記者 | 広告営業 |
| ディーラー・トレーダー | 受付 |
| 機械オペレーター | 警備員 |
| 通訳 | 添乗員 |

### 残る仕事

| | |
|---|---|
| データサイエンティスト | 精神科医・心療内科医 |
| 警察官 | 介護福祉士 |
| 美容師 | YouTuber |
| お笑い芸人 | フードデリバリー |
| ダンスインストラクター | eスポーツ（プロゲーマー） |
| ペットショップ店員 | オンラインサロン |
| １級建築士 | リフォーム業者 |
| パティシエ | 棋士（将棋） |
| 経営コンサルタント | スタートアップ起業家 |

出所：週刊東洋経済

るのではないでしょうか。

新聞記者と広告営業については、新聞業界と広告代理店業界という観点から私も付言しておきます。

新聞業界では、日本新聞協会が毎年10月現在の総発行部数（日刊116紙）を年末に発表しているのですが、これによると2020年は約3509万部となって、前年と比べて約272万部も減少しました。

しかも、この減少幅は7・2％と過去最大です。最も発行部数が多かったのは1997年の約5377万部。以後の23年間で約1868万部も減って、最盛期の3分の2以下の部数になってしまったのです。

1年前には、年間約200万部のペースで部数が減っていくと予想されていました。それが現実には約272万部減という予想をはるかに上回る速いペースになっています。もっとも、これにはコロナ禍も大きく響いているようですが。

目下の部数減少のスピードからいくと、新聞業界は消滅に向けてまっしぐらといっても過言ではありません。現在、新聞記者をしているなら、若い人ほど次の転職先を真剣に考えておく必要があるでしょう。

広告業界については業界トップの老舗の電通と新興勢力のサイバーエージェントを比べてみます。2020年7月に時価総額でサイバーエージェントが電通を一時的に逆転し、そのときに広告業界は震撼《しんかん》したのですが、以後も両社は時価総額で抜きつ抜かれつで激しく争っています（次ページ図参照）。

ただし両社の扱う広告のタイプは違っていて、電通がテレビ媒体や紙媒体の広告であるのに対し、サイバーエージェントはネット広告です。

2020年3月に電通が発表した「日本の広告費（2019年）」という調査では、2019年にはテレビ広告費は前年比2・7％減の約1兆8600億円に留まり、その結果、2014年以来6年連続の2桁成長で約2兆1000億円（前年比19・7％増）となったネット広告費にテレビ広告費は初めて追い抜かれました。

テレビ広告や新聞広告の先行きは厳しく、広告をめぐる環境はネット広告のサイバーエージェントが圧倒的に有利です。電通の2020年12月期の連結決算は最終損益が1595億円の赤字と過去最大でした。それもあって、電通は経営効率化のために

**株式会社サイバーエージェント**
4751　サービス業　東証1部

**株式会社電通グループ**
4324　サービス業　東証1部

東京都港区の本社ビル売却にも踏み切ることになったのです。

テレビ広告や新聞広告が減っていけば従来の広告営業の必要性も小さくなって、広告営業の人材もやはり転職が避けられません。

これから「消える仕事」の人は、今のうちに投資によってお金を殖《ふ》やしておくべきで、銀行員もこの低金利時代に自分の銀行に預金していてもダメなのです。

## 時間とともにEVのシェアは確実に拡大していく

株式市場では「脱炭素」も相場の一大テーマとなっています。ＥＳＧ（環境・社会・企業統治）投資の観点からも注目度が高まっているのですが、脱炭素の3本柱は「ＥＶ、水素、再エネ」です。

そんななか、菅首相は２０２０年10月26日の国会の所信表明演説で「２０５０年までに二酸化炭素などの温室効果ガスの排出を実質ゼロにする」という方針を打ち出しました。言い換えれば、積極的な温暖化対策が産業構造や経済社会の変革をもたらし大きな成長につながるという前提の下に脱炭素を目指すということです。

脱炭素は世界的な潮流であり、この潮流に菅政権も乗ったわけですが、世界各国でガソリン車販売に対する規制が広がっています。それで２０３０年から２０４０年までの間にはイギリス、フランス、アメリカのカリフォルニア州、カナダのケベック州ではガソリン車の新車販売が禁止されます。日本と中国でも２０３５年を目途に新車販売をＥＶやハイブリッド車などの環境対応車のみに限ることになりました。


このようにガソリン車から環境対応車へとシフトして二酸化炭素の排出を減らしていくことは脱炭素実現のために効果の高い方法の１つです。

しかし、ヨーロッパではいずれエンジンを積んでいるハイブリッド車を禁止して許容するのはＥＶだけになるといわれています。というのは、ハイブリッド車には高度な技術が必要なので、ヨーロッパの自動車メーカーが日本の自動車メーカーに技術面で追い付くのが難しいのに対して、ＥＶなら対等に戦えるからです。

この点で日本の自動車メーカーの優位性は失われます。また、そもそもエンジン車からＥＶへと完全に切り替わること自体が日本の産業にとって打撃となるのです。

## ステラ ケミファ株式会社

4109　化学　東証1部

## 住友金属鉱山株式会社

5713　非鉄金属　東証1部

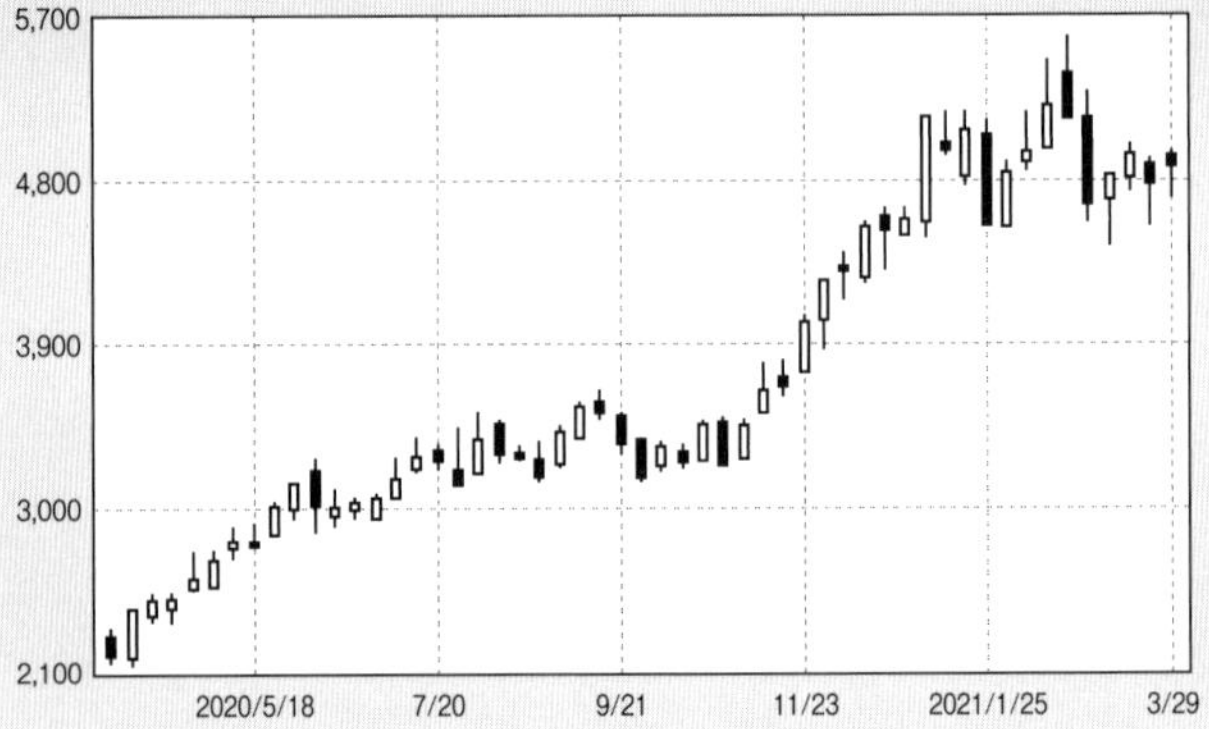

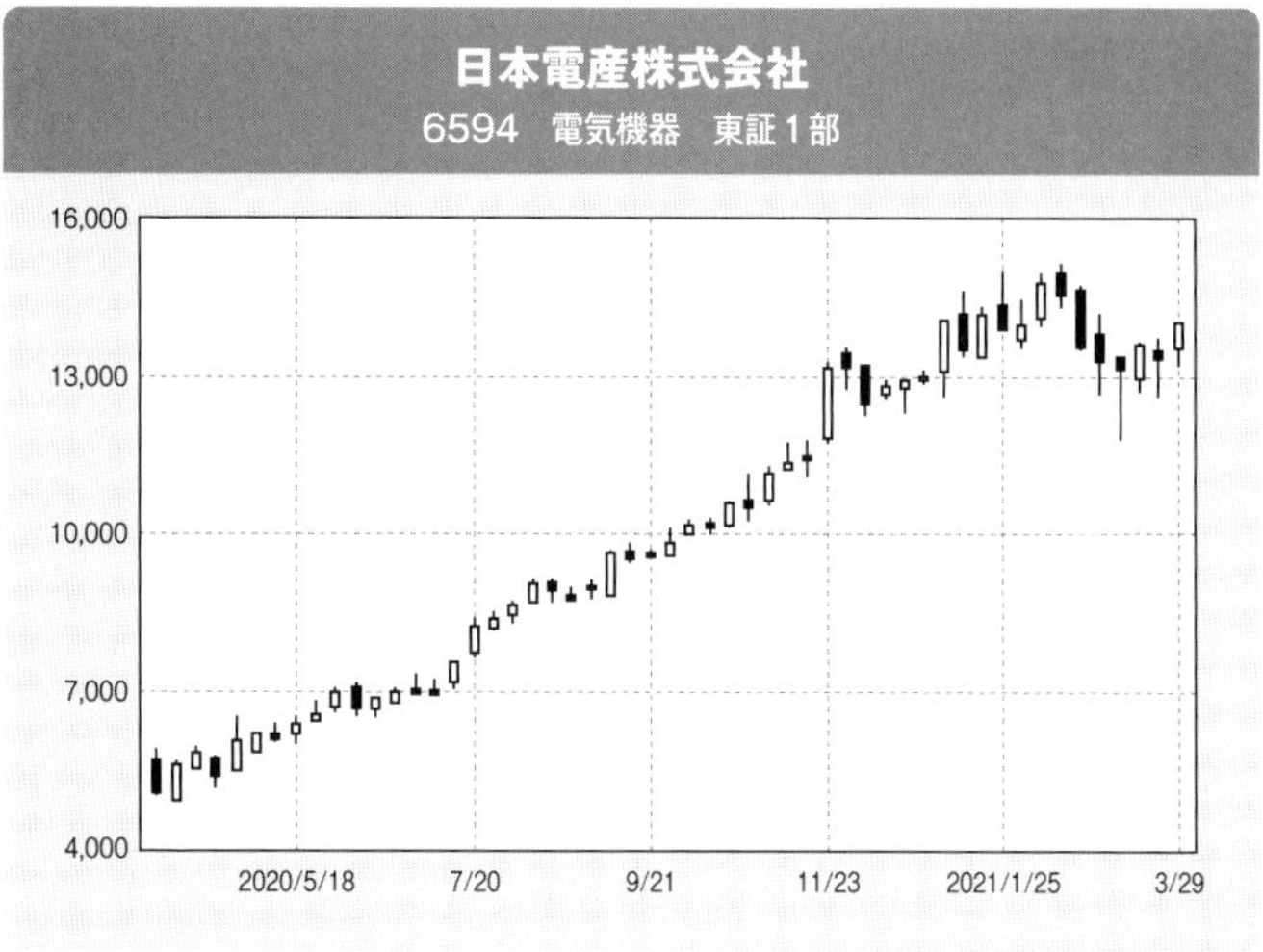
日本電産株式会社
6594 電気機器 東証1部
16,000
13,000
10,000
7,000
4,000
2020/5/18
7/20
9/21
11/23
2021/1/25
3/29

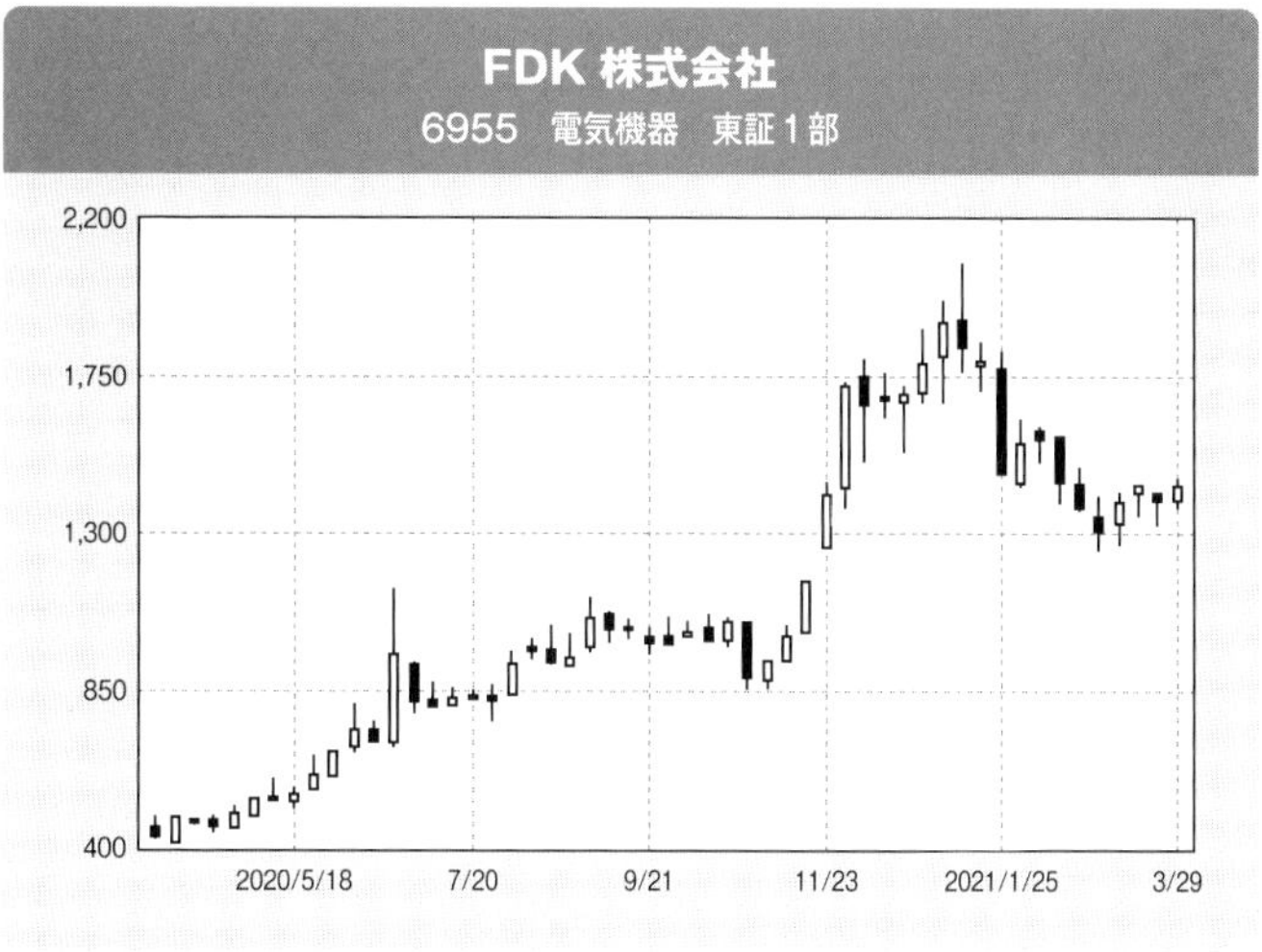
FDK 株式会社
6955 電気機器 東証1部
2,200
1,750
1,300
850
400
2020/5/18
7/20
9/21
11/23
2021/1/25
3/29

エンジン車は約3万点の部品で構成されていて、そのうち2万点はエンジンとトランスミッションに関係したものなのでEVには不要になります。つまり、基本的にEVの部品はエンジン車の3分の1に減ってしまうため、エンジンとトランスミッション関係の部品を提供する企業はEVにはお呼びでないということになるわけです。

しかも、部品がエンジン車の3分の1しかないEVはメンテナンスが楽なので、当然、メンテナンスのコスト面でもエンジン車よりも有利になります。購入価格は公的な補助を受けたとしても今のところまだEVが高いのですが、これもバッテリーが安くなっていけばいずれエンジン車と同等の価格になるでしょう。

こう考えると、EV優先の各国の政策とも相まって時間が経つにつれてEVのシェアは確実に拡大していくはずです。エンジンとトランスミッション関係の部品を提供する企業はEVに対応するか、あるいはほかの有望な事業分野に進出するかという選択をしないと、生き残っていけなくなります。裏を返すと、脱炭素ではEV関連で意外な有望企業が出現するかもしれません。

## 先進国を中心に進んでいく水素利用の取り組み

脱炭素の3本柱のうち水素についても、脱炭素化が困難な商用車や産業分野での水素利用や、水素発電の導入、水素輸入に向けたサプライチェーンの構築の動きが先進国を中心に進展してきました。

まず日本の場合、2017年に各国に先駆けて水素普及のために2030年までの行動計画や数値目標などを盛り込んだ水素基本戦略を策定しました。目標としてガソリンやLNG(液化天然ガス)などのエネルギーと同程度のコスト競争力の実現、2030年までのFCV(燃料電池車)80万台の普及、水素発電の商用化に向けての技術の確立などを掲げています。さらに、現在は2050年の温暖化ガス排出量「実質ゼロ」に向けて水素基本戦略の内容の見直しを行っているところです。

EUは2020年7月に水素戦略を発表し、2030年までに電解水素の製造能力を40GW(ギガワット)まで引き上げることを目指すほか、水素関連の多様な投資事業を行う官民連携のプラットフォームを立ち上げました。輸送分野の商用車での水素利用を重視した取り組みも行います。なお1GWは100万KW（キロワット）です。

ドイツも2020年6月に国家水素戦略を策定して、国内での再生エネによる水素製造能力の目標を設定（2030年5GW、2040年10GW）し、水電解による水素製造設備に対しては再エネ賦課金も免除しました。

2020年9月に水素戦略を改訂したのがフランスで、目標として2030年までに合計6・5GWの能力を持つ電解装置の設置、年間60万トンのグリーン水素（水を電気分解して水素と酸素に還元することで生産される水素）生産を掲げました。グリーン水素の生産に使用する電力には再エネおよび原発由来の電力を想定しています。

アメリカではユタ州の独立系発電事業者が大型水素発電プロジェクトで2025年に水素混焼率30％、2045年には100％の水素専焼運転の実現を目指す計画です。

また、FCVもカリフォルニア州を中心にすでに8000台以上普及しています。これは、新車販売の一定割合をZEVにしなければならないというZEV規制をカリフォルニア州が設けていることによるものです。カリフォルニア州では2024年からは商用車にもZEV規制が適用されます。ZEVとはゼロエミッション車のことです。排出ガスをいっさい出さないEVやFCVを指しています。

中国でも2016年にFCVの普及目標を策定し、現在は商用車中心にFCVの普及が進んでいます。2020年4月にはFCV産業のサプライチェーン構築への助成も発表しました。これは水素関連技術の競争力確立を目的とし、モデル都市を選定してFCVや水素ステーションの技術開発・普及に奨励金を与えるというものです。

再エネではやはりコストが大きな問題でしょう。太陽光、風力、地熱、バイオマスなどの再生エネによる発電コストをもっと引き下げていく必要があります。このコストを引き下げるブレークスルーが起これば、関連の企業は大きく成長していくはずです。

投資家としては水素や再生エネの関連企業に日頃から注目しておかなければなりません。

## 中国工業株式会社

5974　金属製品　東証２部

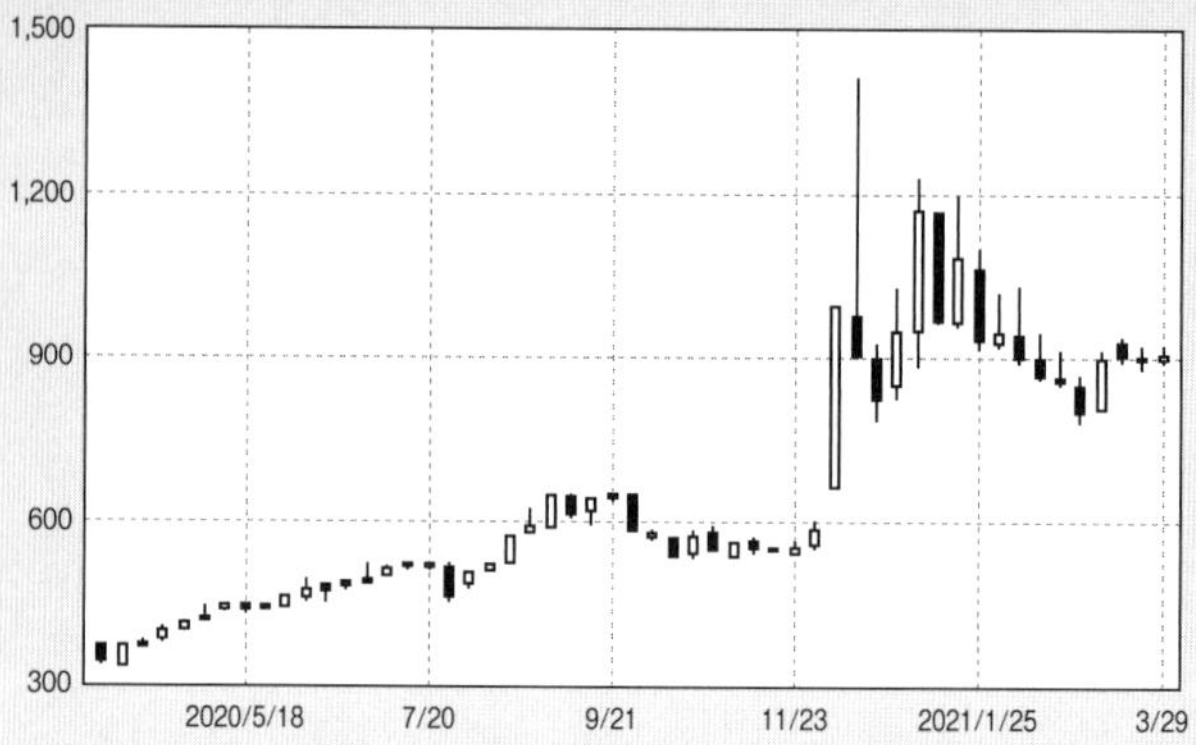


## 株式会社神鋼環境ソリューション

6299　機械　東証２部

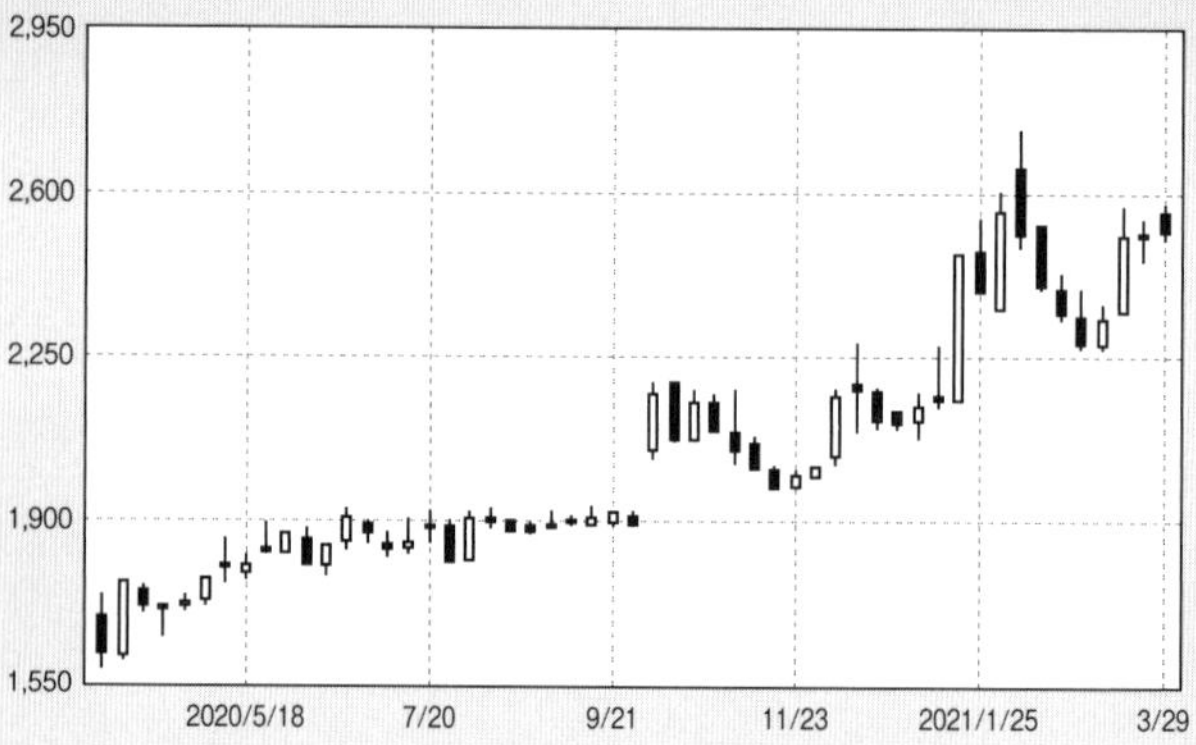

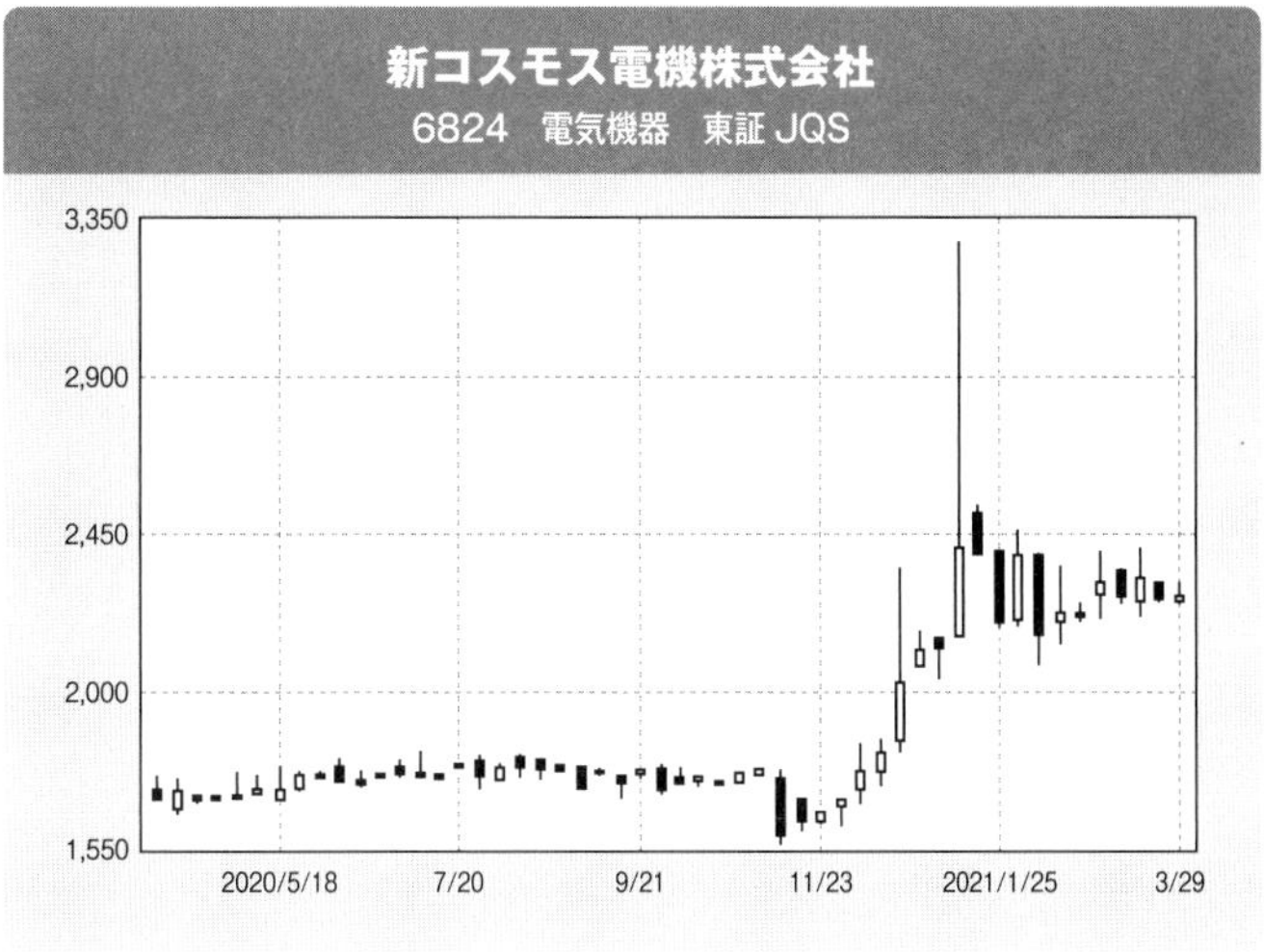
新コスモス電機株式会社
6824　電気機器　東証 JQS
3,350
2,900
2,450
2,000
1,550
2020/5/18
7/20
9/21
11/23
2021/1/25
3/29

岩谷産業株式会社
8088　卸売業　東証1部
8,200
7,000
5,800
4,600
3,400
2020/5/18
7/20
9/21
11/23
2021/1/25
3/29

## 株式会社ウエストホールディングス

1407　建設業　東証 JQS

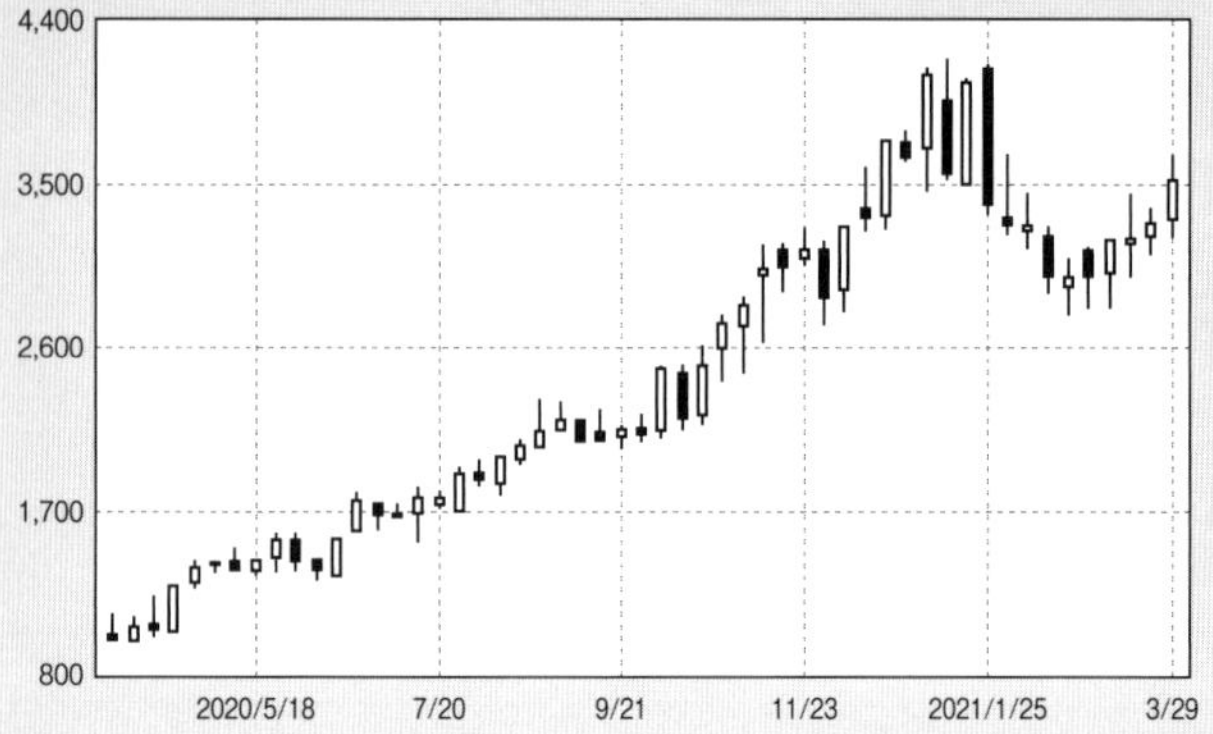


## 株式会社グリムス

3150　卸売業　東証１部

**日新電機株式会社**

6641　電気機器　東証1部

**東京エレクトロン株式会社**

8035　電気機器　東証1部

## 官民共にＤＸへの取り組みが本格化してきた

従来から多くの日本企業は事業の効率化やコスト削減のためにＩＴ化を進めてきたのですが、ＤＸ（デジタルトランスフォーメーション）への取り組みは後手に回っていました。

経産省の定義によれば、ＤＸとは「企業がビジネス環境の激しい変化に対応し、データとデジタル技術を活用して顧客や社会のニーズを基に製品やサービス、ビジネスモデルを変革するとともに業務そのものや組織、プロセス、企業文化・風土を変革し、競争上の優位性を確立すること」とされています。

つまり、ＤＸの要点というのは先進のＩＴを導入するだけではなく、ＩＴの活用を事業や経営の変革につなげていくことにあるのです。

ＤＸが後手に回っていたのは日本企業にＤＸに取り組まなければならないという切迫感がなかったからにほかなりません。ところが、２０２０年にパンデミック（世界的大流行）となった新型コロナウイルスによって、日本企業にとってもＤＸへの取り組みが非常に重要な課題として浮上してきたのでした。

新型コロナウイルスの感染を避けるために人の移動や接触への制限が行われた結果、経済活動が縮小し、既存の事業の収益が落ちてしまう企業が続出しました。業績悪化から立ち直るためには、利益率や生産性を向上させること、あるいは既存の事業に代わる新規事業に進出することが求められるようになったのです。まさに、そのための非常に有力な手段としてＤＸが必要不可欠となり、ＤＸへの取り組みが加速してきたのでした。

ただし、コロナ禍によってＤＸの重要性を強く認識するようになったのは企業だけではありません。行政も同様です。

ほかの先進国に比べて行政のＩＴ化が遅れていたため、新型コロナ対策における国民への給付金支給などに非常に手間取ってしまったため、国民の不満が噴出したのでした。

行政のＩＴ化の遅れを是正しなければならないということで、２０２０年6月に「デジタル・ニッポン２０２０」という提言書を政府に提出したのが自由民主党政務調査会のデジタル社会推進特別委員会でした。

この提言書でも大きな柱の1つになっているのがDXにほかなりません。社会全体のDX化の方向性についてまず、売買契約書、株主総会、医療診断、オンライン薬局、義務教育、試験制度、各種金融サービス等、行政サービスや生活全般のデジタル化を徹底して、非対面、非接触、非(紙への)押印の手続きに代えるべきであると述べています。

さらに決済に関しても顔認証などにより非接触型への移行を進めるべきで、社会的弱者はネット環境やPCも持っていないのだから全国民へのネットアクセスは国が保障すべきだと主張しています。

デジタル社会推進特別委員会の委員長は衆議院議員の平井卓也氏でした。菅政権の発足とともに平井氏はデジタル担当大臣に就任したのですが、それは菅政権がこの提言書の実現に力を入れるということでもあるでしょう。

コロナ禍によって官民共にDXへの取り組みが本格化してきました。DX関連の企業の成長が大いに期待でき、そこに確実に投資機会が生まれるのです。

## 日本で5Gが一気に広がるタイミングがくる

次世代の無線技術の中心となるのが5Gです。5Gは従来の4Gと比べて通信速度がおよそ100倍になり通信容量も飛躍的に増大します（高速大容量）。しかも基地局に同時に多数の端末が接続できて（多数同時接続）、遅延もほとんどなくなるのです（超低遅延）。

高速大容量、多数同時接続、超低遅延という特徴から5Gはまず、ゲーム、映画、動画配信、スポーツ観戦などのコンテンツやサービスにおいて活用が広がっていくと考えられてきました。

アメリカと韓国では2018年春、中国では2019年10月、日本でも2020年3月にそれぞれ本格的に5Gのサービスがスタートしました。国際的な通信関連の業界団体であるGSMAによれば、2021年1月の時点で世界57カ国に144の5G商用ネットワークがあり、接続端末数は約2億3500万台に達しています。

また、JEITA（電子情報技術産業協会）が2019年12月に発表した見通しで

**富士通株式会社**

6702　電気機器　東証1部

は、５Ｇ市場の世界需要額は年平均63・７％増で成長し、２０３０年には１６８・３兆円に達します。需要を牽引するのはＩｏＴ（モノのインターネット）機器では自動運転車、ロボット、ネットワークカメラなど、ソリューション（問題解決）サービスでは製造、金融、流通・物流などであると予測しています。

日本国内のローカル５Ｇでは２０２０年３月に富士通の新川崎テクノロジースクエア（神奈川県川崎市）がトップを切って運用を開始しました。ローカル５Ｇは高いセキュリティによって機密情報を守れることと通信の安定性が高いという特性を持っていて、従来は無線化が進んでいなかった工場、農場、建設現場、イベント会場、病院などでの需要が見込まれています。

ローカル5G市場の世界需要額は同じくJEITAの見通しによると、年平均65・0%増で成長し、2030年には10・8兆円まで拡大するということです。

日本の需要額は2030年に1・3兆円。この需要を牽引するのはIoT機器ではロボット、ドローン、自動運転車、ソリューションサービスでは製造分野向けとされています。

そこで日本では2020年9月に、IT関連企業だけでなく建設業や事務機器メーカー、不動産業など多様な業種の企業161社(2020年11月末時点)が参画し「5G利活用型社会デザイン推進コンソーシアム」が設立されました。5G活用によるDXの実現に向けたビジネス領域の拡大や研究開発の促進などに取り組む方針です。

ところが、鳴り物入りで5Gのサービスが開始された割には、世界的にまだ利用が進んでいません。コロナ禍のために世界中で音楽イベントやスポーツイベントが激減してしまい、5Gの魅力をアピールする機会が少なかったということもあるでしょう。

それはともかく、2020年12月にデロイトトーマツグループが発表した「5Gの各国消費者への浸透状況と日本の現在地」という調査によると、最も利用の多い中国でもまだ10％に留まっており、次いでフィンランドの7％、オーストラリアとスウェーデンの6％などとなっていますが、日本はわずか1％にすぎません。

日本で5Gの利用が進まない要因としてこの調査では以下の5つを挙げています。

①既存の通信ネットワーク品質に満足している。
②デジタルデバイスのアーリーアダプター（新しいデジタルデバイスを積極的に試す層）が少ない。
③エリアカバレッジがまだ十分ではない。
④キラーコンテンツがまだ見えないため端末・通信料金の価格アップは割高に感じる。
⑤日本で所有率が高いアイフォーンでは5G端末機の発売が2020年10月末からと遅かった。

①と②の要因以外は時間が経てば解決されていくはずです。とすれば、日本でもあ

るとき5Gが一気に広がっていくタイミングがやってくるのではないでしょうか。株式投資でもそれを想定して5G関連銘柄に今から注目しておくことが非常に大事だと思います。

## 保有するのに覚悟が必要であるビットコイン

仮想通貨のビットコインの価格が2021年2月8日に急上昇しました。一時は4万4800ドルとなり前日より15％近く上がったのです。翌2月9日には午前9時過ぎに4万7000ドルを突破して1月に付けた過去最高値を更新しました。さらに2月16日には初めて5万ドル台に入り、3月13日には初の6万ドル台に達しました。2020年末に比べると価格は約2倍になったのです。

このようなビットコイン急騰のきっかけは、テスラがビットコインを15億ドル（約1600億円）購入したからでした。これはテスラが2月8日朝にSEC（アメリカ証券取引委員会）に提出した年次報告書で明らかになりました。

ビットコイン

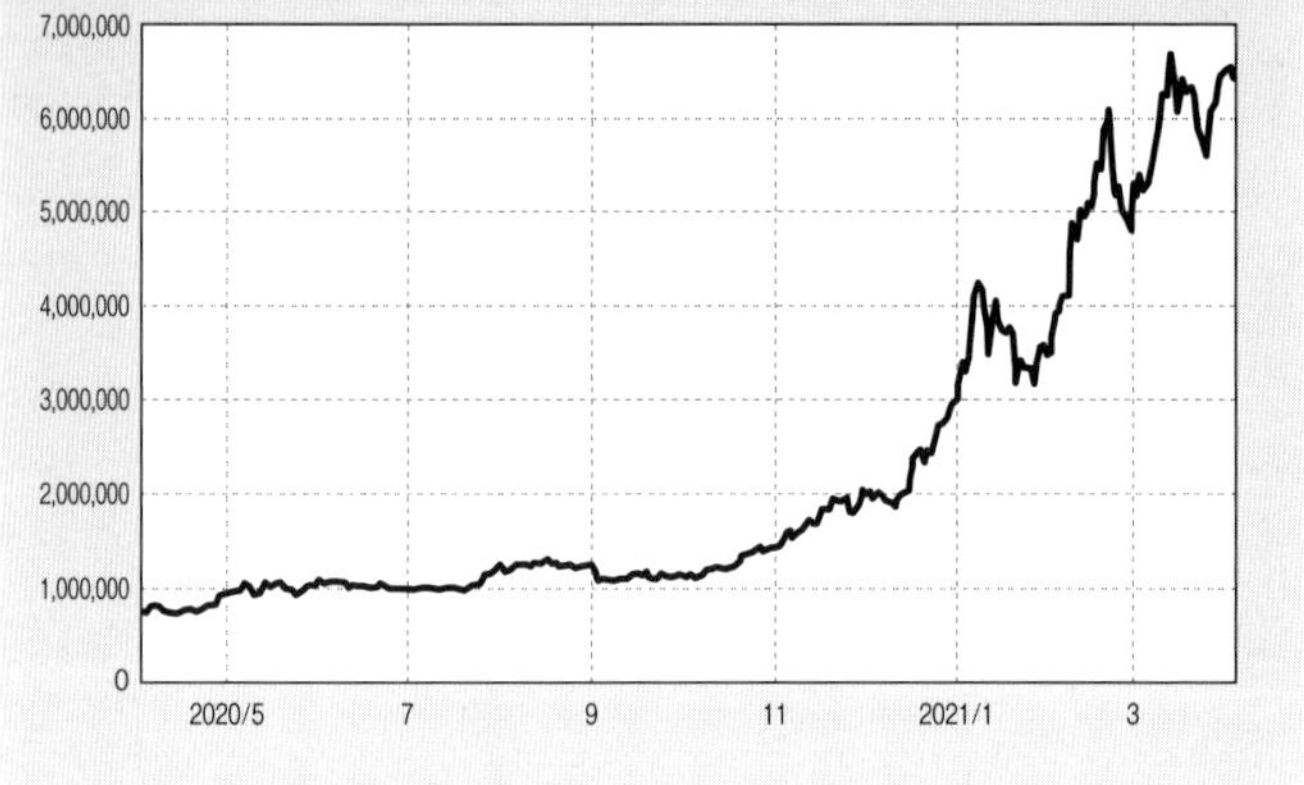


テスラは２０２０年末時点で保有する現金などの資産１９３億８０００万ドルのうち約８％をビットコインに振り向けたのでした。また、この15億ドルというのはテスラの２０２０年の研究開発費と同規模でもあって、その意味では巨額といえます。

今回のビットコイン購入について、運転資金の必要量を上回る現金の運用先を多様化して収益を最大化するために柔軟に投資するように投資方針を改めた、というのがテスラの説明です。

併せて、ビットコインをテスラのＥＶ車の購入代金としても受け入れる予定だとも付け加えたのですが、これもビットコインの価格を一段と押し上げる力になりました。というのは、これまでビットコインに対しては実用的な使い道もなく利息や配当などの定期収益も得られないので役に立たないという批判が向けられてきたからです。テスラ車が買えるのなら、実用的な使い道が1つはできたことになります。

テスラは実際に2021年3月24日からEV車の代金としてビットコインでの支払いの受け付けを開始しました。ビットコインによる支払いは当初、アメリカ国内の購入者に限定されますが、予定では年内には国外の購入者にも対応できるようになります。

また、テスラのイーロン・マスクCEO（最高経営責任者）は「テスラに支払われたビットコインはビットコインとして持ち続け、（ドルなどの）法定通貨には換金しない」とも表明しました。

仮想通貨の画期的なところは、中央銀行のような管理者の媒介がなくても所有者と金額が特定できることです。つまり、ビットコインはデジタル情報でありながら暗号技術とブロックチェーンという仕組みによってコピー不能なので、同時に複数の人間

が保有することも誰かが故意に金額を変えることができないという建前になっていま
す（今のところそうしたリスクを完全に回避できるわけではない）。

金融資産としてのビットコインにはもちろん問題があります。１つが規制です。
仮想通貨は国や中央銀行の規制を受けないところが魅力であり、そこに存在価値もあります。逆にいうと、将来、仮想通貨の投資家を公的に保護する規制ができたときは仮想通貨の人気も失われるに違いありません。と同時に、ビットコインも暴落します。

また、中央銀行が金融引き締めに転じたときにはどうなるか。今のところ仮想通貨については投資家を保護する仕組みがないので、金融引き締めによってやはりビットコインが暴落して大損をする可能性はあります。そのときは自己責任の論理で処理されるでしょう。

つまり、規制があってもなくてもビットコインを持つリスクは高いということです。だから、ビットコインは短期勝負で持つのは良いとしても、中長期の保有は危ないといえます。

しかし、やっとアメリカではテスラのＥＶ車をビットコインでも買えるようになりましたが、今のところ日本ではビットコインで儲けてもそれを使うマーケットがありません。少なくとも市場性が少ない、といえるでしょう。ビットコインを円やドルに換金するのも難しいのです。

私の知人にビットコインを実際に買った人がいるのですが、その人は「今井先生、ビットコインを買って一応儲かったんだけれども、円やドルに換金できないんですよ」とこぼしていました。

いずれにしても、ビットコインを持つのなら、それなりの覚悟が必要だということです。

# 第5章

# これからの日本の相場を読む【今井澂・宮田直彦対談】

マネースクエアのチーフテクニカル・アナリスト・宮田直彦さんとの対談です。

私がなぜ宮田さんを数多いテクニカルエコノミストのなかから対談の相手に選んだのかというと、まず宮田さんはエリオット波動によって長期的な目で相場を見ることができるからです。しかも、いろいろな相場において強気・弱気をはっきりと示すので、非常に多くのファンが付いています。

もう1つの理由は、三菱UFJモルガン・スタンレー証券という大手からマネースクエアという中堅の会社にスカウトされたからです。

私は「会社に入るというのは就社だ。そうではなくて就職をせよ」と自分の息子たちにもいってきました。これはかつての野村グループの総帥であり証券業界の大先輩の相田雪雄さんからいわれたことです。

私が独立して評論家になり、東洋経済新報社の主催で講演を行ったあと、相田さんは日本橋の蕎麦屋で慰労してくれました。そこでいろいろな話を聞かせてもらい、「今井さん、あなたは会社に入ったんじゃない。アナリストに就職したのだから、アナリストとして活躍してほしい」といって、先ほどの言葉をくれたのでした。

以来、私はいろいろな会社の経営を手伝ってほしいとずいぶん頼まれたのですが、みんな断って、アナリスト一筋でやってきたわけです。

宮田さんも「包丁1本さらしに巻いて」ということで、ご自分のスキルによってスカウトされました。昔は転職すると格が下がったととらえられたのですが、今はスカウトされると格が上がるのです。宮田さんも大いに格が上がりました。

今回、対談ではありますが、むしろ宮田さんの日本の相場についての最新分析を、私が聞き手になって披露してもらうという形にしました。読者の投資判断に大いに役立つはずです。

## ブラックマンデーを事前に予言していたエリオット波動

**今井** 宮田さんのテクニカルの柱はエリオット波動ですが、それがどういうものか、最初に読者に説明してください。

**宮田** 相場の分析にはファンダメンタル分析とテクニカル分析があって、これらは車の両輪といわれています。エリオット波動はテクニカル分析のなかでもかなり古典といってもいい、古くからある考え方です。アメリカの株式アナリストだったラルフ・ネルソン・エリオットという人がつくって、今から80年ほど前のアメリカの大恐慌のときに発表されました。

残念ながら、エリオット氏の存命中にはエリオット波動にはほとんど光が当たりませんでした。その後、１９８７年のブラックマンデーで一気に注目を浴びるようになったのです。すなわち、エリオット波動がブラックマンデーを事前に予言していたというので、にわかに世界的に評判になったのでした。

実際に今日では、ヘッジファンドの運営者のポール・チューダー・ジョーンズという人がエリオット波動で徹底的に儲けてヘッジファンドを大きく成長させたという逸話もできています。このようにエリオット波動は使い方によってはきわめて優れた予見力、あるいは将来を見通す手がかりを与えてくれるのです。とくに長期の見通しを得るうえでこれに勝るテクニカル分析はないと断言できますね。

詳細に説明するときりがないのでごく簡単にいうと、相場は上げ・下げ・上

げ・下げ・上げという波動のリズムが1、2、3、4、5と上がっていくから それを1セットにしてとらえる、というのがエリオット波動の基本的な考え方です。

私がエリオット波動に出会ったのは30年ほど前でした。最初はほかの移動平均線などと同列で、ちょっとかじってみるかという動機でエリオット波動の勉強を始めたのですが、いつしか首までどっぷり浸かってしまい（笑）、もう寝ても覚めてもエリオット波動というふうになって今にいたっています。

## 「失われた20年」がゴールデンクロスの出現で名実ともに終わった

**今井**　宮田さんは日経平均株価の最高値である3万8957円をこれから何年かで抜くという見通しを立てています。それはどんな理由からですか。

**宮田**　日本のマーケットというのを紐《ひも》解くと、日本の株式取引というのは明治11年

（1878年）から、途中に戦後の4年間の空白などもあるのですが、通算すると142年の歴史があるわけです（次ページ図参照）。

　エリオット波動での相場の波動のリズムからは、日本のマーケットはリーマン危機の安値ぐらいから第5波動に入っています。しかしこれはやはりエリオット波動によれば、過去最高値を更新しないことには収まりません。少なくとももう1回の高値更新の場面がないと日本株のエリオット波動は完成しないということです。

　その動きにも大きな特徴があります。これは大切なポイントでもあるのですが、1、2、3、4、5と上がっていくなかで3のところがとても長く大きくなるのです。その点でいえば、日本の株価は第3波動のところで60年ぐらいをかけて上がっています。

　どうしてそんなに長く大きく上がるかというと、とくに企業業績や景気が良いからです。日本の近代経済史では朝鮮戦争の後から高度経済成長期が1970年ぐらいまでありました。その60年間の強気相場のお腹の部分がまさに高度経済成長期でした。つまり、第3波動は景気が良いなかでもとりわけ良い時期

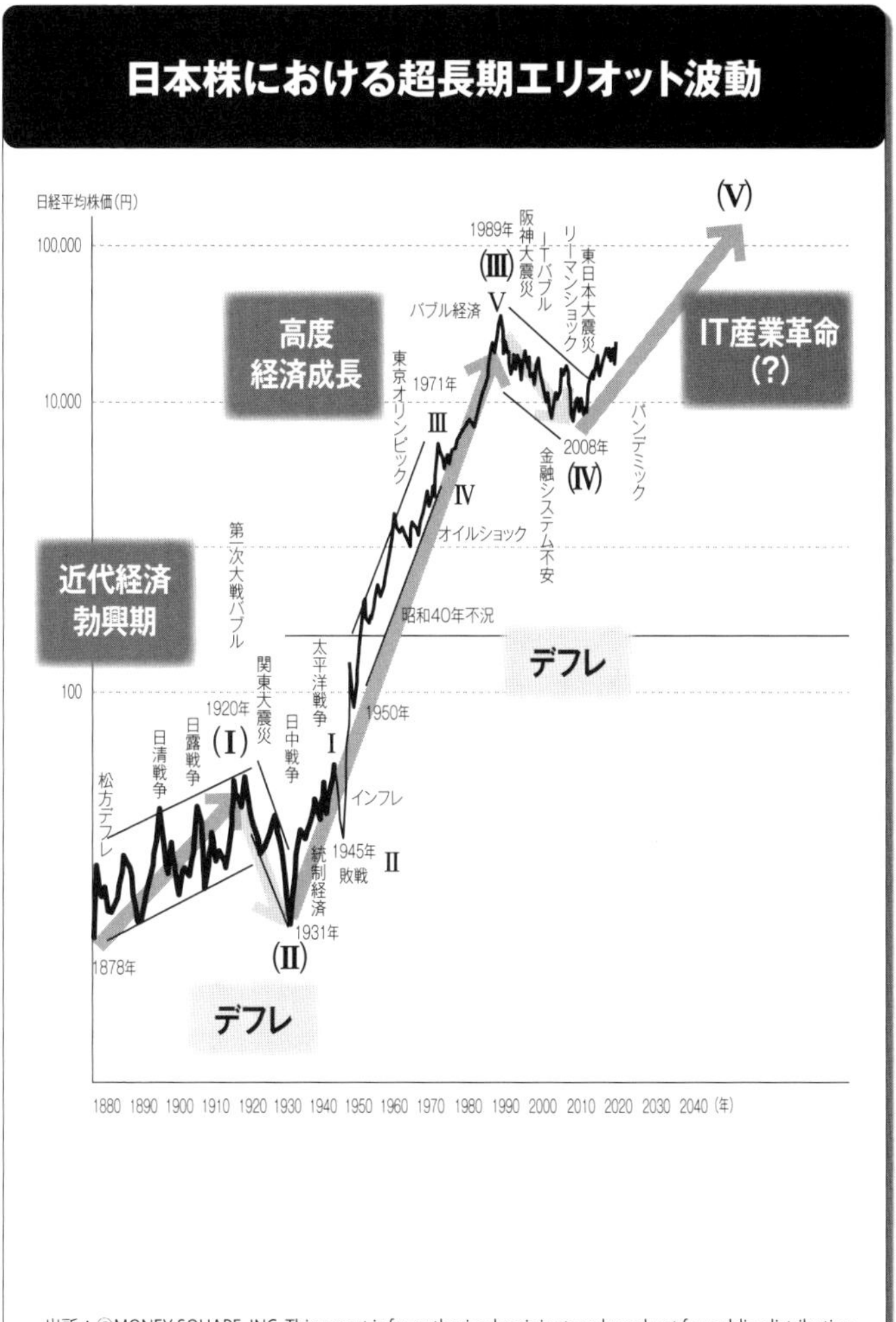


出所：©MONEY SQUARE, INC. This report is for authorized recipients only and not for public distribution.

だから長く大きくなる。言い換えれば、景気が大変良い、ファンダメンタルズが良い、だから当然、投資家の心理も前向きになります。

そのうえで改めていうと、今の日本株というのは第5波動に入っているといえるのです。

いっぽう、コンドラチェフ循環でいうと、日本経済は第2循環まで終わって、第3循環が2008年頃から始まっていると考えていい。コンドラチェフ循環というのは底を突いてから次の山にいくまでが27年とも30年ともいわれています。まさに今、それが進行中だとすれば、株価も同程度の期間は上がっていくと予想できるのです（次ページ図参照）。

**今井**　コンドラチェフ循環が50年から60年あって、2008年が底になっているということですね。

**宮田**　その通りです。

もう1つ、テクニカル分析の代表的な考え方に移動平均線というのがありま

## 第V波のスーパーサイクルへ突入

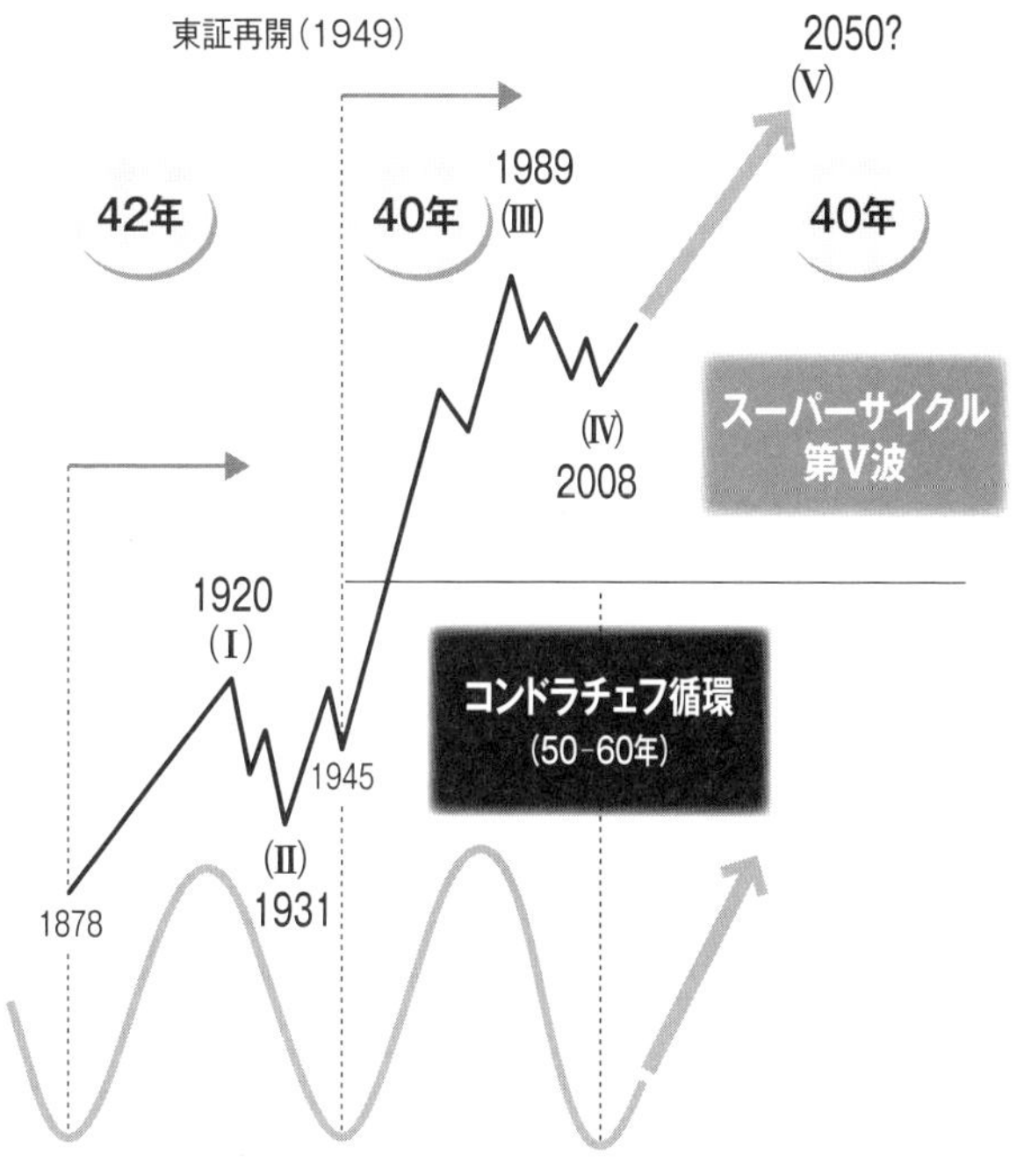


出所：©MONEY SQUARE, INC. This report is for authorized recipients only and not for public distribution.

す。日経平均というのは、戦後、東京証券取引所が再開した1949年5月から始まっていて、70年くらいの歴史を持っているわけです（次ページ図参照）。

10年線や20年線という長い移動平均線になると、やはりゆっくりと動きますから、そう頻繁に売買シグナルというものは出ません。日経平均の10年移動平均線と20年移動平均線を見ると、2001年4月のときに10年線が20年線を上から下に突き抜けるデッドクロスという売りシグナルが出ました。その前後というのは、いわゆる失われた20年で、もう株は上がらないものとみんながあきらめていた時代でした。デッドクロスはそこにすっぽりと入っています。

事実、デッドクロスとなったあとは株価が低迷を続けて、小泉政権のときに久しぶりにけっこう上がったのですけれども、そのピークは20年移動平均線にやっとふれたところまでが精一杯でした。

このように長期低迷相場だったのですが、これが変わったのが2018年からです。このとき、買いシグナルのゴールデンクロスになったのですが、これは日経平均で史上初のことでした。

10年移動平均線をつくるためには10年のデータが必要ですから、日経平均の

日経平均で史上初のゴールデンクロスが出現

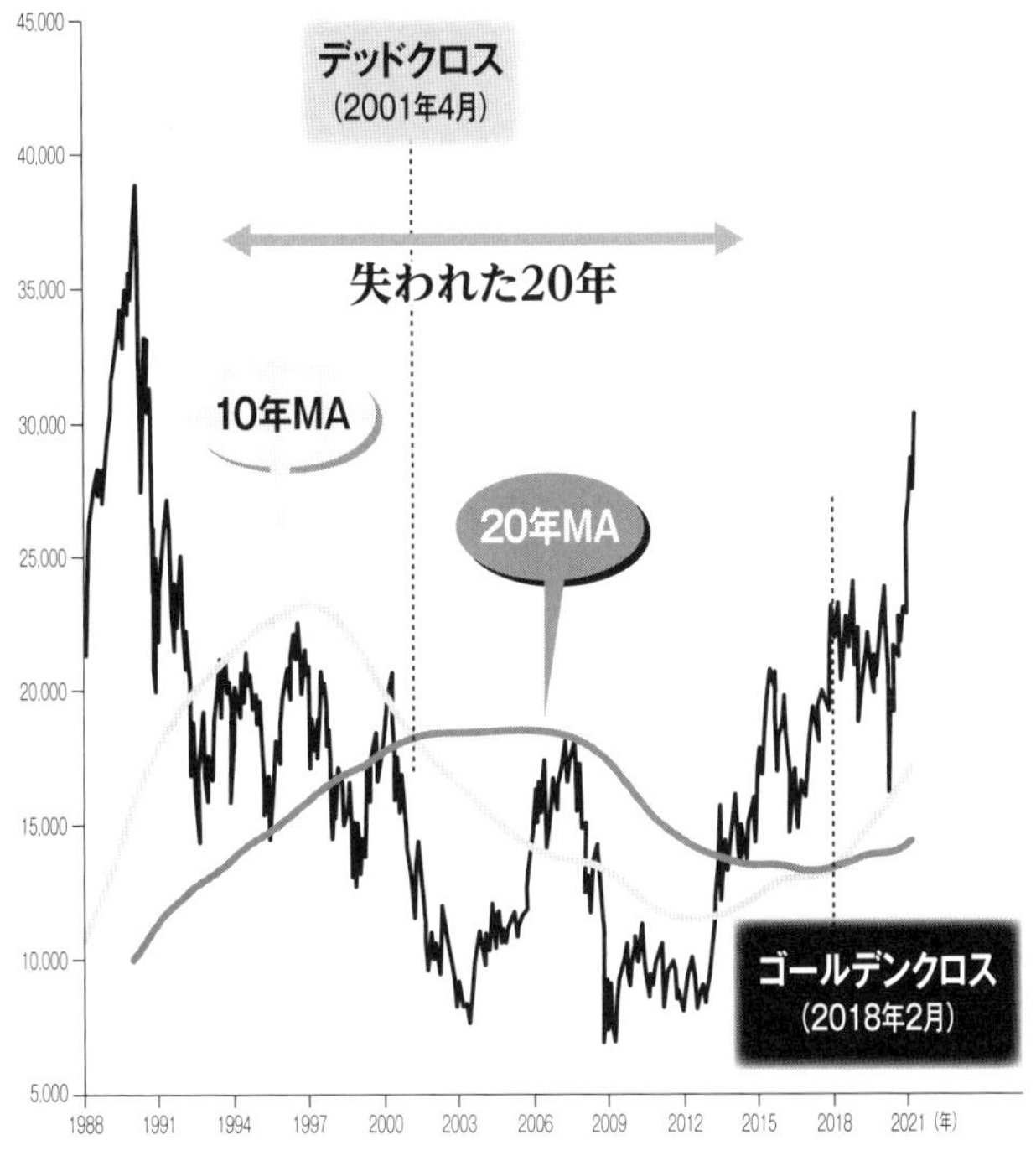


出所：©MONEY SQUARE, INC. This report is for authorized recipients only and not for public distribution.

開始から10年後の1959年の時点でようやく最初のデータができたのでした。20年移動平均線ともなるとさらにプラス10年が必要です。最初のデータが得られる1969年まで20年かかりました。

このとき、10年線と20年線の位置関係は10年線が上だったのです。もし日経平均が100年とか150年といった歴史を持っていたのなら、70年以上前のどこかでゴールデンクロスした場面があったのかもしれません。

しかし、70年しか歴史がないため、日経平均のなかでゴールデンクロスとなったのは2018年2月が史上初でした。仮に前回、前々回にゴールデンクロスの買いシグナルが出たことがわかっていれば、その後の何年でいくら上がったかがわかりますが、今回が史上初なので、どこまで上がるかはわからないのです。

ただし、このゴールデンクロスで「失われた20年」が名実ともに終わったことが示されているとはいえます。そして、「日本株は上がったら売るべきもの」とか「日経平均2万円が関の山だった」といった以前の状況とは今やガラッと変わりました。つまり、これまでは戻り売りだったが、それが押し目買いの時代に入っている、ということが強く示唆されていると思います。

## 株式の時価総額シェアはニューヨークが減り、日本が増える

今井　エリオット波動の第5波で上がって2050年に日経平均が最高値になるということですが、その場合、背景になるのは何かということが非常に大事です。当然ながら、株価の裏付けとなる実体経済も非常に大事だということですね。

とくに新型コロナショックのあとには今まで小さかった変化が加速化します。その中身は5G、脱炭素、テレワークなどいろいろありますが、いずれにしろ、それらがどんどん現実に実を結んでいきます。

それらが株価の支援材料になるのですが、日本は世界の大きな流れと変化に参加するし、しかも幸いなことに非常に良い形で参加することになるはずです。

宮田　私も同感です。

それで、日経平均とニューヨーク株式市場のダウ平均株価の逆転現象というのが遠からず起こると見ています。30年も前の私が新入社員だったころ、ざっくりいうと日経平均株価の10分の1がダウ平均株価で、それが当たり前の時代だったのです。金額で示すと2500ドル程度のダウ平均のほぼ10倍が日経平均でした。

ところが、その数字が入れ替わって久しく、今、日経平均はダウ平均から3000ポイントくらいの差を付けられています。日経平均は追い付こうとしているものの、まだダウ平均に追い付いていません。

ニューヨークにはNYSE（ニューヨーク証券取引所）とナスダックがありますが、目下、NYSEとナスダックを合わせた市場の時価総額は、世界の株式市場の時価総額の40％強を占めています。しかし実は1988年と1989年には日本の株式市場もそのような立場にあったのです。

1989年当時と比べると、今は世界の株式市場はパイ自体が大きくなって取引金額も膨らんでいますが、シェアという点では当時の日本とニューヨークの市場が置き換わっています。おそらく1989年の日本の市場はやはり限界的なところまでいっていたのです。したがって、同様に今のニューヨークも40%強のシェアがありますが、そのシェアが過半数を超えるまで拡大するかというと難しいのではないかと思っています。

また、今の日本の株式市場は時価総額で世界の7%くらいを占めていて、時価総額の割合では日本が1とするならアメリカはおよそ6なのです。しかしGDPでは日本が1に対してアメリカは4ですから、この点からすると日本の時価総額のシェアはもう少し増えてもいい。アメリカのほうはすでに限界的なところになっていて、むしろこれからは減っていってもおかしくありません。

## 促進されていく円安が日本株上昇にとって追い風となる

**今井**　為替相場についていうと、最近では円安も進んできました。これも株価に影響していきますね。

宮田　かなり影響するはずです。

２０２０年末あたりだと、世界の名だたる金融機関やエコノミストの多くが、もうドル安が当たり前になると発言していました。ドル円にしても、年明けにも1ドル１００円割れもあるなどともいわれていたわけです。

ところが、気が付いてみると、ドル安どころか、逆にもう１１０円になってきています。当然、これしかないと感じられたほうが意外にそうならなくて、やはりマーケットというのは逆張りというのが優る可能性が高いですね。

それはさておき、私は為替相場では以前から、円安が大きな意味のトレンドとして再来すると読んでいました。ドル円の為替レートでいうと1ドル１２５円以上になる可能性があります。

２０１５年6月の１２５円81銭がアベノミクスのときの円安ピークでした。今回、そのときを超えていくイメージを強く持っています。１２６円で終わるかもしれないし、１３０円まで伸びるかもしれませんが、２０１５年の円安は更新するに違いありません。

**今井** ユーロや豪ドルについてはどうですか。

**宮田** これまで大勢がドル安を当然と思っていましたが、その流れに対して今、巻き戻しが起こり始めたのです。ドルとほとんど逆の動きをするのがユーロだから、ドル高だったらユーロはやはり高くなりづらい。むしろユーロは安くなっていきますね。

豪ドルについては強気です。というのは、商品市況自体、たとえば銅とかプラチナとかニッケルとか銀とか原油、こういう実態景気と関わりのより深いところについては強気の暗示が出ているのです。

ご案内の通り商品市況と豪ドルというのはやはり連動性がかなり強いのです。それが資源国通貨といわれる由縁で、それに加えて円そのものが今2年ぶりの安値なのです。対ドルではなく、対ユーロとか対イギリスポンドとか、さまざまな通貨に対する円の強弱が2年ぶりの弱さなのですよ。

これは円の実効レートというのを見ていますが、トレンド的には円安が今後本格化しそうなのです。整理すると、そもそも豪ドルというのは資源国通貨であって商品市況が上がれば上がりやすい、かつ円が下がりやすいということになると、合わせ技で豪ドル円は、豪ドル高円安によりなりやすい。同様のことはカナダドルなどにもいえるので、カナダドル円でもカナダドル高円安ということですね。

**今井** では金利についてですが、たとえば10年物国債で比べると、日米はどうなっていくでしょうか。

**宮田** 日本のほうはほとんど考えなくていいですね。アメリカのほうは10年物国債で1・7%くらいまで上がってきているのですが、2%を少し超えるというイメージです。2%は超えてきて、それで打ち止めということではなくて、トレンドとしてはやはり途中休みながらも、アメリカの金利は上がっていく。となると、よくいわれる日米金利差というのも拡大の方向にいくので、この点でもやはりドル買い円売りが進みやすくなります。

いずれにしても、円安になると日本株にとっては追い風が吹きます。いっぽう、おそらくアメリカの長期金利が上がったりするなどという裏側の動きもありますから、これ自体はアメリカのGAFAM（グーグル、アマゾン、フェイスブック、アップル、マイクロソフト）などの成長株にとっては向かい風になります。これまではアメリカ株が単純に上がる・下がるということに日本株も連動してきましたが、これからはちょっと変わってくるでしょう。

とくにここ数年間というのは日本株に関心を示さない外国人投資家が多かったと思います。外国人投資家はたとえ日本株を買ったとしても、できるだけ早く売ることを優先していました。

ここ3年ぐらい、外国人投資家は日本株にはご無沙汰で、日本の市場に外国人投資家がまた手を伸ばし始めたのはようやく最近になってからのことです。

アメリカ株というのは世界中の誰もがアップルをはじめとしてすでにお腹いっぱい持っています。そういったバランスからいっても、日本株はもう減らすだけ減らしたので、これから日本株はちょっと増える、アメリカ株は少し削られるというイメージがあります。それでダウ平均と日経平均の逆転も起こるはずです。

なお、私が1カ月前ぐらいから株の投資家にお話するときにお薦めしているのは銀行株なのです。もともと銀行株をはじめ自動車株とか商社株とか、いわゆるバリュー株といわれています。成長株ではなくバリュー株。これは配当利回りの高さというのも魅力ですね。

世界基準で見ても、日本というのは割安株の宝庫なのです。今、アメリカでバリュー株といわれるもの、たとえばキャタピラーなんかがそうですが、そういった株も指標面では手を出しづらいところまで買われてしまっています。

その意味ではPER（株価収益率）にしてもPBR（株価純資産倍率）にしても日本株市場には、目移りするぐらい割安と見られる銘柄が多いのです。これまで本当に長い間、多くの銘柄が割安圏に放置されていましたが、これからは大きな揺り戻しがあると思いますよ。

## ダウ平均と日経平均が逆転するのは2022年以降か

**今井** 日経平均がダウ平均を抜くと仮定すると、それはいつごろだと予想できますか。

**宮田** 日本のマーケットはまさに強気のシグナルが今続出している、という状況なのです。ゴールデンクロスもその1つですが、TOPIX（東証株価指数）が27年間の上値を抜いたことにも注目しなければなりません（次ページ図参照）。

　TOPIXは過去27年間、きれいに少しずつ上値を切り上げていたけれども、過去7回、それらは全部止められてしまいました。今回が8度目の挑戦、8度目の正直でははっきりと抜けてきているのです。2021年3月18日にTOPIXは30年ぶりに2000ポイント回復しました。

　しかも、たまたま翌3月19日の金融政策決定会合で、日銀はETF購入のルールを変更しました。年間買い入れ枠上限の12兆円を残しながら、年間目安の6兆円というのは撤廃。何よりも注目されるのは、買い入れるETFはTOPIX連動型のみとし、日経平均連動型は買わないと決めたことです。

　ひと握りの日経平均の銘柄で事実上の株主が日銀になっているとして何かと問題視されてきましたから、今回、ようやくそれにケリを付けようとしている

## 27年間の上値抵抗を上抜いたTOPIX

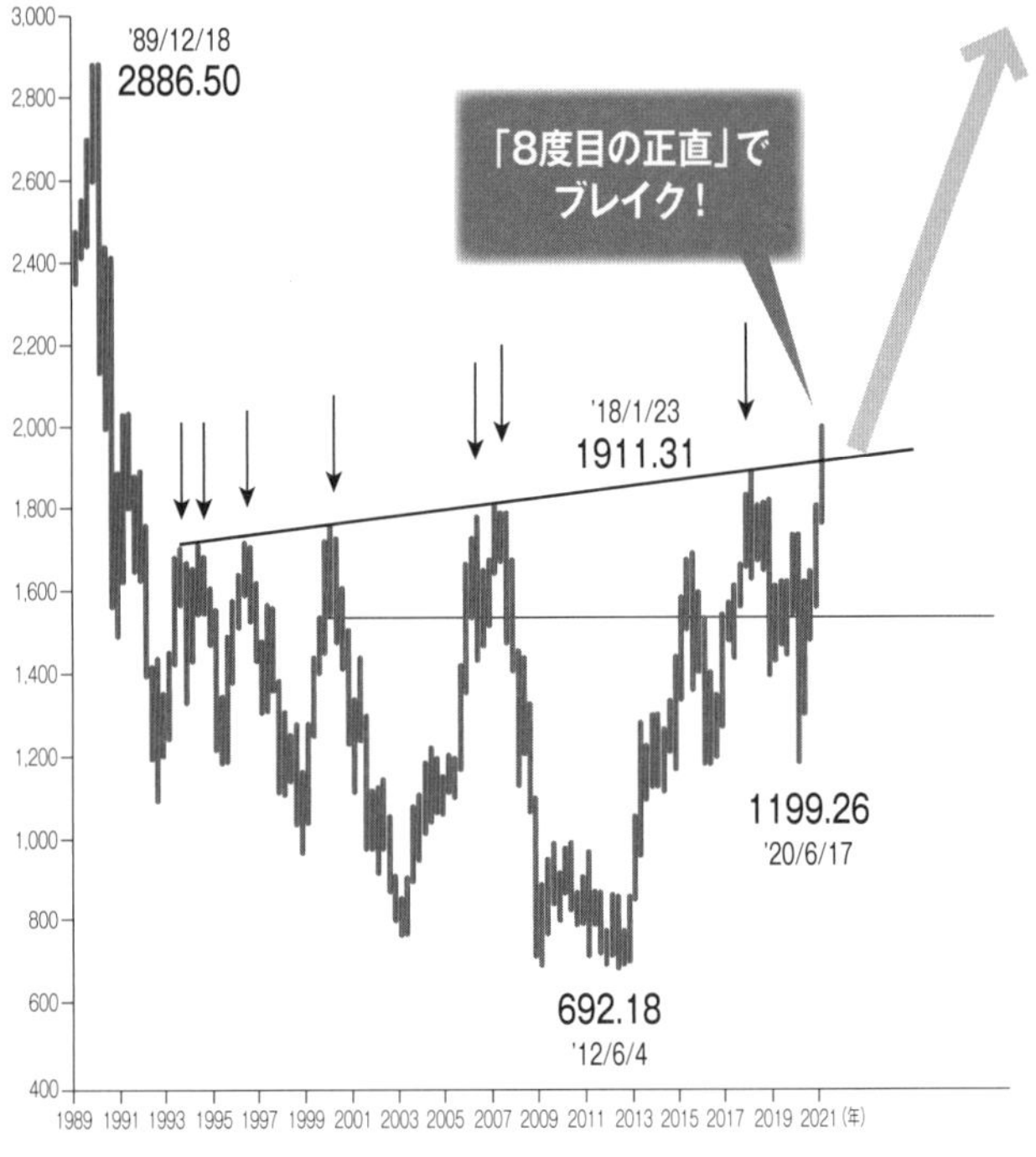


出所：©MONEY SQUARE, INC. This report is for authorized recipients only and not for public distribution.

のかなという感じがしますね。だから3月19日には引けで日経平均が400円以上も下がったのに対し、TOPIXは小幅高ではありますがプラスになりました。今までこのような動きはあまりなかったのです。

だから、リバランスというか、相場の中身はダイナミックに変わっていきます。これまで日経平均型が何といっても優位だったし、しかも日経平均というのはハイテク株が多いですから、よりアメリカと連動するということなら、むしろナスダックのほうなのです。ナスダックが上がってくるときには日経平均も上がりやすい。

しかしアメリカは長期金利が今後も上がっていくという前提に立つと、とくにナスダックのようなところの成長株というのは上がりづらくなります。とすれば、やはり日経平均も上がりづらくなります。先ほどいった日経平均が下がってTOPIXが上がることも含めて、そのようなすごいローテーションが起こり始める予感が強まっていますね。

何はともあれ、27年間の上値抵抗を抜けていること自体が日本株に新たな強気材料が加わったということだと思います。

**今井**　ニューヨークの株式市場のほうはどうなりますか。

**宮田**　すでに述べたようにかつて時価総額で日経平均はダウ平均の10倍だったのですが、それが大きく位置を変えて、アメリカ株がどんどん買われる、日本株はどんどん避けて通られるというようなことが、今となってはある意味、怪我の功名というか、それで日本株はこれからというところになっているといえるのです（次ページ図参照）。

ところが、アメリカ株のほうは１９２９年と２０００年の高値同士を結んだ抵抗線に今ちょうどぶつかってきています。これは何しろ１００年の流れなので、抜いたとしても目立たない程度で、１０００ドル、２０００ドルというのは誤差の範囲です。ただし、いつそれなりの調整が起きてもおかしくはありません。

先ほどの世界に占める時価総額のウエイトとかシェアとかでも、アメリカ株はいっぱいいっぱいのところにあるように感じます。

## NYダウの超長期エリオット波動
## （NYダウは四半期月足log）

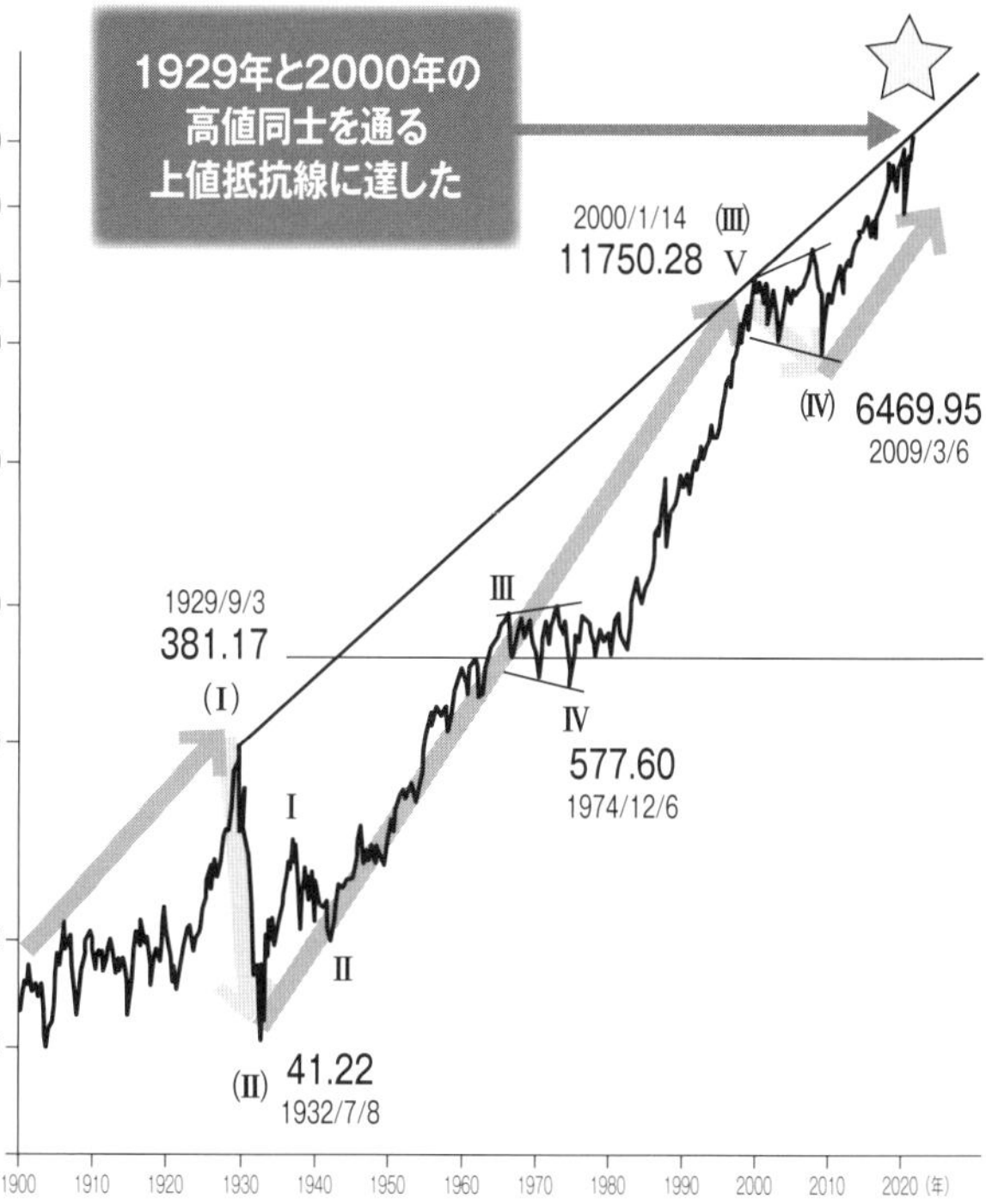


出所：©MONEY SQUARE, INC. This report is for authorized recipients only and not for public distribution.

そんなわけで、私が冗談半分真剣半分にいっているのは、たとえば、アメリカのテスラの車はショールームでは見たことはあるけれども、私の身の回りでは所有している人も乗り回している人も1人もいません。トヨタの車は石を投げれば必ず当たるくらいにどこでも走っています。それなのに時価総額では、トヨタをはじめ世界の自動車メーカーを全部合わせてもテスラ1社にかなわない、という状況が一時的でしたが最近ありました。ちょっとこれは合理的ではありません。

だから、自動車産業全体が潰れるということはなくて、あえていうと、たとえばテスラ株を売ってトヨタ株を買うというアイデアもありえます。アメリカ株がダメだったら日本株もダメに決まっているというのはこれまではそうだったかもしれませんが、今後は徐々に違うという方向へと変わっていくのではないかと半分期待を込めて思っているのです。

**今井**　とすればダウ平均は上値があっても1000ドル、2000ドル程度だから、4万ドルまでにはなかなかいかないかもしれません。

**宮田**　4万ドルに乗るのは厳しいですね。4万ドルにいくにしても、もうその抵抗線にぶつかっているので、今すぐということにはなりません。抵抗線も時間の経過とともにだんだん切り上がっていきますから4万ドルというのもありえますが、その場合も時間がかなりかかります。対して日本株の上がるスピードは速い。

**今井**　目先の1年で考えると、せいぜい3万4000ドル～3万6000ドルくらいまでが上限ということですか。

**宮田**　現在が3万3000ドルくらいですから、ここから10％上がるかどうかという感じがしています。

**今井**　とすれば、ダウ平均は3万7000ドル～3万8000ドルが目一杯ですか。

宮田　向こう1年で3万8000ドルについては、良くてもそのへんがやっとということでしょう。

その一方で、日経平均はアウトパフォーム（投資の運用成績がベンチマークとする指標を上回っていること）になるはずです。なぜかというと、くどいですが、円安効果がこれから出てくるからです。アメリカの1・5倍ぐらいは上がるのではないでしょうか。アメリカが1上がったら、日本は1・5ぐらい上がるということです。今、日経平均は3万円ですから15％程度上がるとすると3万4000円～3万5000円になります。しかし、そうするとまだダウ平均との逆転は起こりません（笑）。

今井　逆転するのは2022年以降の楽しみということにしましょう。

## 金・リート・ビットコインはどう動いていくのか

**今井**　「有事の金」ともいいますが、金についてはどのような状況だと見ていますか。

**宮田**　まず金の実質価格ということを考えなくてはなりません。日本と違ってアメリカというのは毎年2～3％のインフレ率というのがあります。だから長期にわたるとけっこうバカにできないインフレになるわけです。それを割り引くと金の実質価格がわかります。

　2020年には金は名目価格で2000ドルに達しました。1980年の金の名目価格は750ドルでした。金を2020年と1980年の実質価格で比べると、実は2020年は金の名目価格は高くなったものの、それでも実質価格では1980年の水準には少し届いていないのです。2007年ごろの実質価格も1980年の高値に近づいたときがあったのですが、これも1980年を抜けませんでした。

　結局、依然として1980年が金の実質価格のトップなのです。そこが金の実質価格の限界的なところかなということで、長期的に見て金の実質価格では2020年は割と限界的なところまでいったのではないかとは思います。

今井　不動産ではリート（不動産投資信託）の動向も気にかかりますね。

宮田　リートについては、上値の重さがちょっと目立っています。もともと株に比べてだいぶ出遅れているという見方が多かったのですが、この出遅れの原因が仮に金利の上昇にあるとすれば、相対的な魅力が薄れることを見込んでこれまで上値が重たかったのかなというのが察せられるのです。

それでも魅力的なクーポンがあるので急落するようなことはありません。ただ、今このときにいちばんお薦めの商品とはいいづらい感じがしています。

今井　最後にビットコインについてはどうですか。最近、急上昇しています。

宮田　ビットコインは出現して10年くらいしか経っていないですが、1回、2回、3回とけっこう大きな上昇を演じてきました。これが今終わるかなという感じです（次ページ図参照）。

## ビットコインのエリオット波動（USD週足log）

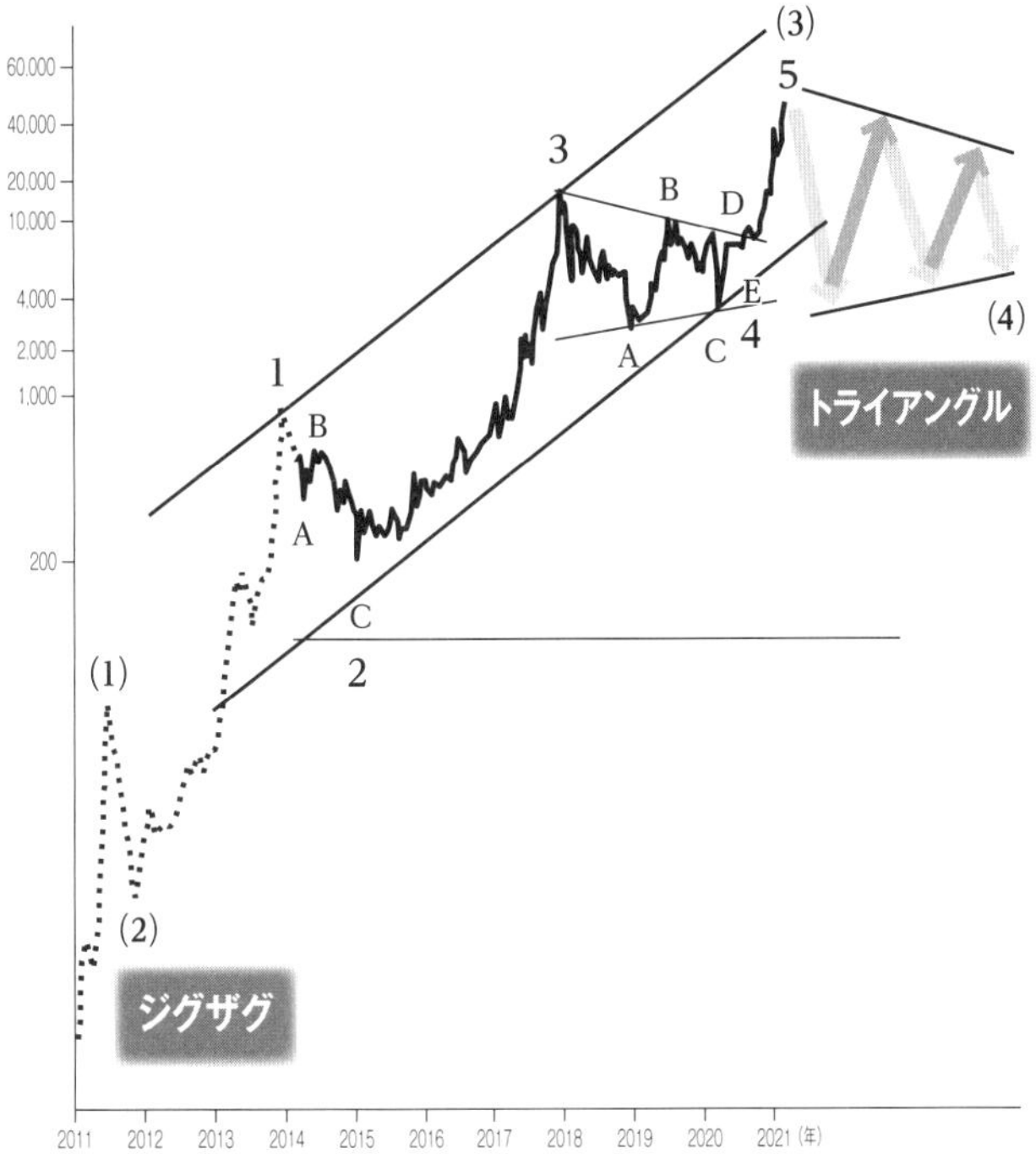


出所：©MONEY SQUARE, INC. This report is for authorized recipients only and not for public distribution.

とすると、今後数年間は下げたり上げたり下げたり上げたりといった、大きくいうとレンジの動きになっていって、レンジのあとにはさらに上にいくはずですが、今はちょっとお休みというところですね。
やはりある意味、ビットコインは過剰流動性のもたらした1つの徒花《あだばな》というか、何でもかんでもの1つですね。長期金利はしばらくの間、良い金利上昇をするでしょうが、そうはいっても、さすがに金利自体は上がってきて、ビットコインは金と違って何も裏付けがないわけですから、となるとこれまでのボラティリティばかりに依存する値動きというのは難しいのではないかと考えています。

**今井**　ビットコインの買い手はひところ中国にしかいなかったけれども、それが変わったことには注目しています。とはいえ、私の知り合いでビットコインに投資した人がいて、その人は儲けて良かったのですが、現実問題として儲けたビットコインで何を買うかというと買う物がありません。
それが1つ。もう1つは、これからどこかで金融の引き締めに入るけれども、そのときにビットコインはどういう動きをするのか、誰もまだわかりません。ビットコインが登場して短いですから。そういう意味ではビットコインはおっかないですね。

**宮田** とくに2021年に入ってテスラがビットコインを15億ドル分購入し、ビットコインでテスラの車を買ってもいいですよとアピールしています。これでビットコインを取り巻く環境というのは少し変わりました。

いっぽう、2020年11月にテスラがS&P500に採用されました。本来、S&P500というのは機関投資家の堅いベンチマークというか、しっかりとした銘柄500で構成されているはずが、実はテスラのせいで間接的にビットコインに投資しているという変な形になってしまいました。ゆがんだ形です。

とすると、ビットコインとS&P500が連動するような形になりかねません。テスラ株はそれこそ成長株の代表格です。テスラは今下がっているのですが、下がっているなかで、テスラがビットコインを大量に保有しているとなると、テスラ株とビットコインが併せて売られるということも一部ではあるはずです。正直、テスラがビットコインを買ったのは疑問ですね。

**今井**　私もそう思います。本日はありがとうございました。

# 第6章

# それでも注意すべき、5つの相場の落とし穴

## 持続中の世界的な株高を崩壊させる5つの落とし穴

これからの世界的な株高が崩壊するとしたら、そのブラック・スワンは何か。想定される落とし穴は5つあると思います。

第1が習近平主席に関しての何らかの大変化です。第2が東京地下直下型地震または南海トラフ地震の発生。第3が3大中央銀行の金融の平常化、つまりお金をじゃぶじゃぶと放出していたポンプの蛇口を閉めるということです。これは効きます。第4は原油や食糧価格の高騰です。金利上昇という相場の「大敵」が復活するということで、その兆候がやや見えます。第5がバイデン大統領にまつわる問題です。

しかし結論をいうと、私は今後の相場にも強気の見方をしています。

まず第1の習近平主席については、李克強首相との関係悪化もあって台湾攻撃もありうるという話は前述しました。台湾攻撃についてはそちらを読んでもらうとして、いずれにせよ習近平主席は中国共産党の総書記を兼ねていて権力基盤が固まっているかのように見えるものの、実はまだ権力基盤は弱いのです。

その点にふれる前に、習近平氏とは何者かということを振り返っておきましょう。

習近平氏は父親が共産党の大幹部で、1953年に陝西省富平《せんせいふへい》で生まれました。9歳のときに父親が失脚してしまったため、習近平氏は経済的にも精神的にも苦しい生活を強《し》いられたのです。

1969年からは下放《かほう》（田舎で働くこと）で陝西省の寒村に行って、1974年に共産党への入党が認められました。1975年には試験を要しない工農兵学員として北京の精華大学化学工程部に入学しました。精華大学は北京大学と並ぶ中国のエリート大学です。

1979年に大学を卒業したあと、中央軍事委員会の大幹部の秘書を務めました。花形ポストの1つであり、これで中国人民解放軍と接点ができたことによって、人民解放軍を抑え込むための知識と手法を身につけたのです。

1985年には、その花形ポストを辞めて河北省正定《せいてい》県という地方に赴任しました。以後も福建《ふっけん》省の貧困地域での共産党の仕事をこなし、2002年に浙江《せっこう》省の共産党トップに、2006年に上海市の共産党トップに就任したのです。次いで共産党中央での出世コースに乗って2012年11月についに総書記の座に就き、2013年3月には国家主席にも就任したのでした。

総書記が共産党のトップなのに対し、国家主席は国家元首で中華人民共和国のトップです。両ポストは一見、自民党総裁と日本国首相（総理大臣）の関係に似ていますが、日本ではいうまでもなく首相のほうが私的な政党の総裁よりも地位が高いとされています。

いっぽう、中国の場合は共産党が国家を指導する立場にあるので、国家主席よりも総書記の地位のほうが高いのですが、1989年に総書記に就任した江沢民《こうたくみん》氏（国家主席就任は1993年）以来、総書記と国家主席のポストを同一人物が兼務してきたので、普段は両ポストの地位の軽重が比べられることはありません。

しかも、2017年10月の第19回中国共産党大会ではさらに5年間総書記を続けることになりました。また、2018年の3月の全人代（全国人民代表大会）では、連続2期10年という国家主席および国家副主席の任期規定を撤廃する憲法改正が採択されました。これによって、2013年に国家主席になった習近平氏は連続2期10年の任期が終わっても国家主席を辞める必要はなくなったのです。

## 中国国内での政治闘争は世界経済にも影響する

習近平氏は総書記と国家主席の両ポストを握っているうえに、いずれも任期が伸びたのですから権力基盤は強いはずですが、そうではないために鄧小平氏の息子で77歳の鄧樸方《とうぼくほう》氏を習近平氏の代わりに最高指導者に据えようという動きが共産党内に出てきているのです。

鄧樸方氏は、文化大革命の期間中に鄧小平氏の家族ということで迫害を受け、4階建てのビルから転落するにいたって下半身麻痺《まひ》になってしまいました。

鄧樸方氏は共産党の要職に就いているわけではありませんが、2018年9月に鄧樸方氏は直筆で書いた要望書を習近平主席に送りました。その内容は、改革開放を進めた鄧小平氏の理論を称賛する反面、「事実に基づいて真実を求める」「冷静な頭脳を持ち、自分の才能を知るべき」など暗に習近平主席を批判するものです。この要望書はウェブサイトに掲載されて中国全土にあっという間に広がりました。

私は鄧樸方氏が次の最高指導者になる可能性はあると思っています。国家副主席の王岐山《おうきざん》氏、中央委員会常務委員の汪洋《おうよう》氏、朱鎔基《しゅようき》元首相などに鄧樸方氏が倒習運動のリーダーに担ぎ出されているからです。かつて盟友だったはずの王岐山氏と習近平氏との関係はどんどん悪化してきており、共産党の長老たちも米中関係が悪化した責任は習近平氏にあると考えています。

アメリカの情報筋によれば、倒習運動では習近平氏の代わりに鄧樸方氏を国家主席に据えて、いずれも共産党中央政治局委員の李強《りきょう》氏と胡春華《こしゅんか》氏をそれぞれ総書記と首相にするという計画があるようです。

習近平氏が万が一、台湾を攻撃すると、国際的な大問題となって世界経済を揺るがすことになるでしょう。また、習近平氏が倒習運動で失脚した場合、習近平派の勢力がどう動くかによって中国国内の情勢も違ってきます。反習近平派と習近平派の闘争が続くようなら、中国経済に打撃を与えるだけでなく、これも世界経済への影響が避けられなくなるはずです。どちらも世界的な株高の崩壊を招くことはありえます。

投資をするうえでも、中国国内の動向から目を離すわけにはいきません。

## 金の保有で首都直下地震と南海トラフ地震に備える

第2の落とし穴は大地震ですが、日本列島は4枚のプレート（岩盤）の境界付近に位置しています。4枚のプレートとは海側の太平洋プレートとフィリピン海プレート、陸側のユーラシアプレートと北米プレートで、海側のプレートは毎年数センチのスピードで日本列島の下に潜り込んでいるのですが、それに引きずられた陸側のプレートが元に戻ろうと反発して跳ね上がったときに地震が起きるのです。

これから日本列島で発生する確率の高い大地震には、首都直下地震と南海トラフ地震があります。

首都直下地震は、政府の地震調査委員会が「今後30年以内に南関東でマグニチュード7クラスの地震が起きる確率は70％」と推定している大地震です。

被害は最悪の場合、死者が2万3000人、負傷者が12万3000人、避難者数は720万人に達すると想定されています。全壊または焼失する建物は61万棟で、このうち火災で焼失するのは41万2000棟となり、津波も発生して広い範囲に被害が及ぶと見られているのです。

電気、ガス、上下水道などのライフラインの損傷も長期化し、交通でも都心の一般道は深刻な交通渋滞が数週間継続して、鉄道は1週間から1カ月ほど運転ができない状態になります。

また経済面でも、建物の崩壊などの直接的な被害が42兆円余り、企業の生産活動やサービスが低下する間接的な被害が48兆円近くにもなり、そのほかの被害も合計すると95兆円という国家予算並みの損害を被るのです。

いっぽう、地震調査委員会が「今後30年以内にマグニチュード8〜9の地震が70〜80%の確率で発生する」と予測しているのが南海トラフ地震で、東海地震、東南海地震、南海地震というのもすべて南海トラフに起因する地震です。南海トラフ地震が起きると、「71市区町村が3メートル以上の津波に襲われる確率は26%以上」という予測も出ています。

首都直下地震と南海トラフ地震の発生確率を合わせれば、非常に高い確率で大地震が起きると考えざるをえません。これらの地震で日本経済が大打撃を受けると、東日本大震災でもそうだったように世界経済にも非常に大きな影響が及びます。

大地震対策はいろいろありますが、個人としては避難用の備品をバッグに詰めてつねに用意しておくことが必要です。また、避難のときに欠かせないのがお金ですが、大地震が起こると銀行も被害を受けて預金を下ろせないかもしれません。とすれば、1~2キロの金を手元に置いておいたほうがいいでしょう。

やはり有事の金であって、金があれば大地震でも食いつなぐことができるのです。しかも、大地震で金は必ず暴騰しますから、その点でも金は便利だし非常に心強い備えとなります。

## 新型コロナウイルスの終息と3大中央銀行の金融の正常化

第3の落とし穴である3大中央銀行の金融の平常化についてはすでに述べました。金利はきわめて低くインフレが起きる気配もないため、金融緩和を直ちにやめることはありません。

ここで付け加えておくと、3大中央銀行は2021年3月に金融緩和の継続を相次いで表明しました。まずECBが2021年3月11日、良好な金融環境を守ることが引き続き重要だとして、金融緩和の継続の一環として国債などの資産購入を従来よりも速いペースで実施するという方針を示しました。

FRBは3月17日のFOMC（連邦公開市場委員会）で、2023年末まではゼロ金利政策を維持するということを決定しました。ゼロ金利政策を少なくとも今後3年続けるわけです。ただし、コロナ禍が沈静化していくとともに景気は大きく持ち直すとし、2021年中に物価上昇率が目標の2％を突破するとも予測しています。

FOMC終了後の記者会見でFRBのパウエル議長は「まだ金融緩和の縮小についい

て話す時期ではなく、景気が大きく改善するまでは現状のペースで量的緩和を続けます。改善というのは、労働市場が完全雇用に大きく近付き、物価上昇率が2%目標に向けて進んだ時点だと考えています。縮小の可能性については、データに基づいて前もって公表するつもりです」と述べました。

日銀は「2年で2%の物価上昇目標」を掲げて2013年4月から大規模な金融緩和策を続けてきましたが、8年が経過しても2%目標は達成できていません。足元の消費者物価は新型コロナ禍の影響もあって依然としてマイナス圏にあります。

そうしたなか、日銀も3月19日の金融政策決定会合で緩和の長期化を見据えて、原則年6兆円というETF購入の目安を削除する政策修正を決めました。また、併せて公表した「より効果的で持続的な金融緩和を実施していくための点検」では、2%の物価上昇目標を安定的に持続するために必要な時点まで長短金利操作付き量的・質的金融緩和を継続する、という判断を示しています。

3大中央銀行はどこも、実は大幅な金融緩和策がまともだとは考えていません。逆にいうと、チャンスがくれば大規模な金融緩和をやめてまともに戻そうということです。そのチャンスの1つはワクチンが効いて新型コロナウイルスが終息に向かっていくときでしょう。

ＦＲＢは、２０２３年末まではゼロ金利政策を維持すると決定していますが、これは２０２３年末ごろまでには新型コロナウイルスが終息すると見込んでいるともとらえられます。

ただしコロナが終息しても3大中央銀行が金融緩和を縮小していくのは非常にゆっくりとしたペースになるはずです。とすれば、世界的な株高への打撃も限定されたものになると思います。

## 大統領選後は急落の予想に反して上がった原油価格

第４の落とし穴は原油や食糧価格の高騰です。

まず原油では、２０２０年11月にアメリカ大統領選でクリーンエネルギー政策の推進を掲げていたバイデン氏が勝利した直後、アメリカやその同盟国をはじめ世界中で石油の使用量が減って原油価格は急落する、という観測が流れました。

ところが、原油価格の国際的な指標であるＷＴＩ先物相場は逆に大統領選後から上昇を続け、２０２１年２月には１バレル60ドルに乗ったのでした。これは大統領選時と比べて60％以上もの値上がりです。とりわけ、最大の消費国であるアメリカでは巨額の追加経済対策も成立して景気回復期待が高まってきました。

クリーンエネルギー政策の推進が原油価格を急落させるという予想が現実には正反対の展開となったのは、やはり世界の石油市場で供給不足に陥ったからです。２０２０年の前半から中盤にかけてはコロナ禍の拡大により世界的に活動自粛の状況となり、それで景気が落ちて石油需要も減少しました。しかし、２０２０年後半には景気がやや回復して石油需要も高まってきたため、供給不足になったのでした。

本来なら石油需要が高まれば供給も増えるはずなのですが、供給不足が解消しないのは、ＯＰＥＣ（石油輸出国機構）プラスが大規模な減産を継続しているとともに、アメリカのシェールオイルの生産量が新型コロナウイルスの拡大直後の２０２０年４月に急減して以来、依然として元に戻らないからです。なおＯＰＥＣ加盟国とＯＰＥＣ非加盟国で構成される組織がＯＰＥＣプラスと呼ばれています。

ただし3月中旬になってWTI先物相場は一時60ドルを割り込みました。ヨーロッパで新型コロナウイルスの変異株の感染再拡大で、石油需要が再び停滞するとの見方が広がったからです。

フランス政府は3月18日、パリなどで少なくとも4週間の外出制限を始めると発表し、イギリスではアストラゼネカ製ワクチンの供給が減って経済回復の遅れが懸念されるようになりました。新型コロナウイルス感染の第3波に直面したドイツもロックダウン（都市封鎖）の再強化に乗り出し、イタリアでは行動制限の動きが広がったのです。

しかし、3月26日にエジプトのスエズ運河で大型船の座礁事故が起こったため、原油輸送に長期的な影響が出るのではないかと危ぶまれて、今度はWTI先物相場が60ドル台に戻ったのでした。

このような事故があったとはいえ、すぐにはコロナ禍が消えて石油需要が急増する可能性も低いと思います。したがって、すぐには原油価格の高騰で株式相場が急落するような事態は起こらないでしょう。

## 世界的に食糧価格を高騰させうる中国の食糧輸入

次に食糧価格の高騰ですが、これが世界的な飢餓《きが》を引き起こすかもしれません。その点で世界的な飢餓の引き金となりうる国が中国です。中国は約14億人という世界一の巨大な人口を抱えており、1国で世界の人口（約77億7000万人）の約18％を占めています。中国の農産物要量は世界の2割以上に達していて、たとえば大豆の需要量も世界の3分の1を占めているのです。

中国の農産物需要は世界の農産物需給も左右するため、中国が飢餓の震源となれば、ほかの多くの国々にも非常に大きな影響を与えて世界的な飢餓も招きやすくなります。しかも目下、中国国内は洪水、干ばつ、豚コレラという主に3つの要因で食糧供給が不安定になってきました。ほかに蝗害《こうがい》（バッタやイナゴなどの異常発生により穀物等が食べ尽くされる害のこと）発生のリスクも指摘されています。

2019年10月、東アフリカの広い範囲で激しい雨が降って、サバクトビバッタが大繁殖したため、2020年に入ってケニア北部とインド北西部で最悪の規模の農作物被害が出たのでした。中国当局ではこのサバクトビバッタが、インドやパキスタンを経由しチベットへ、ミャンマーから雲南省《うんなん》へ、カザフスタンから新疆ウイグル自治区へという3つのルートから侵入するかもしれないとして、3つのルートの中国側で強い警戒体制を敷いています。

食糧供給が不安定になってきた中国ではトウモロコシや大豆の輸入を急拡大させてきました。しかし、世界最大の食糧輸入国である中国の買いは農産物の相場を押し上げ、世界の食糧供給網における需給のバランスを崩す恐れがあります。

2020年7月13日にFAO（国連食糧農業機関）などによって『世界の食糧安全保障と栄養の現状2019』という報告書が公表されました。この報告書では、2019年には前年比1000万人増の約6億9000万人が飢餓に陥り、過去5年間で飢餓に苦しむ人々が6000万人近く増えたと推定しています。栄養不良の人口が最も多いのはアジア（3億8100万人）であり、これに続くのがアフリカ（2億5000万人）、中南米とカリブ海諸国（4800万人）です。

2014年以降、世界で飢餓に苦しむ人々の割合は8・9％とほとんど変わっていないものの、絶対数は増え続けています。世界の人口の増加に比例して飢餓も増えているということです。

また、G20（20カ国・地域）は２０２０年4月に農相会合を行い、各国が自国の食糧を守るために食糧輸出への規制を強化することに対して、「食糧の安定的な供給のために緊密に協力し、食糧の供給網を維持して、輸出入に関連した不当な制限的措置を行わないよう注意する」とする共同声明を発表したのでした。

世界的な食糧価格の高騰が飢餓を引き起こすと株式相場を暴落させることも十分にありえます。投資の面からも食糧価格についてはつねに注意しておかなければなりません。

## 政権基盤を揺るがす大統領の認知症と次男の疑惑

第5の落とし穴のバイデン大統領にまつわる問題は2つあります。1つはバイデン大統領自身に認知症の疑いがあるということ、もう1つはバイデン大統領の次男であるハンター・バイデン氏に数々の不正があるということです。

バイデン大統領が認知症ではないかという疑いは、大統領選挙前から何度も出ていました。本人の演説は１９８０年代までは簡潔で切れ味が良かったのに、２００５年ごろから言い間違いや意味不明の話が急に増えてきたといわれています。

大統領就任後もすぐに認知症の疑いが強まってきました。というのも、カマラ・ハリス副大統領が外交でバイデン大統領の代行をしているためです。たとえば、カナダのトルドー首相やフランスのマクロン大統領がバイデン大統領宛に電話してきたときに、代行ということで電話に出たのがハリス副大統領でした。ハリス副大統領はオーストラリアのモリソン首相とも大統領の代わりに電話協議を行っています。

また、２０２１年2月16日には大統領府のジェン・サキ広報官が「バイデン大統領がホワイトハウスに外国首脳を招いて対面の会談を行うのは数カ月先になる」と発表しました。結局、バイデン大統領が大統領として直接会った外国首脳は4月にワシントンを訪問した菅首相が最初となります。

さらに2月19日にはオーストラリアのニュース番組スカイニュースの司会者コーリー・バーナーディ氏が番組のなかで「バイデン大統領は認知症である」と暴露したの

でした。バーナーディ氏は2020年までオーストラリアの保守党所属の上院議員をしていた有力な元政治家でもあります。

バイデン大統領が本当に認知症なら、外国の要人に直接会わなくても済むコロナ禍というのは認知症がばれない点で好都合だといえます。

以上のような状況証拠からすると、今のところバイデン大統領が認知症である可能性は高いといわざるをえません。

ハンター氏の疑惑についての詳細は割愛しますが、副大統領だった父親の影響力を利用してウクライナや中国の企業から多額の不正な資金を受け取っていたのではないかというものです。ハンター氏は2020年12月、過去の中国ビジネスに関連した税務問題でデラウェア州の連邦地検の捜査を受けていることを公表しています。

ハンター氏の疑惑はずっと燻《くすぶ》っており、捜査の進展しだいではバイデン政権にダメージを与えることになりかねません。

バイデン大統領にまつわる問題は政権基盤に関わることなので、もし政権基盤が崩れれば政策遂行能力が落ちて、やはり株式相場を下落させることにつながるでしょう。

以上、5つの落とし穴について書いてきましたが、これらが単発的に起こるのであれば、一時的には株価は暴落したとしても比較的早く回復すると思います。その点からも私は強気なのです。

## アメリカの弱みを突いていけば中国が優位に立つ

最後に、今後の米中関係についてふれておきます。

1990年代からグローバル化が加速し、経済面でも世界的な結び付きが非常に強いグローバル経済が形成されてきました。現在、そのグローバル経済に深刻な打撃を与えて落ち込ませているのがコロナ禍です。

中国は新型コロナウイルスの感染抑制に成功し経済も回復してきて、1人勝ちのように見えるものの、グローバル経済であるがゆえに1国だけが単独でコロナ禍から立ち直るということはできません。中国経済もグローバル経済の回復なしには本格的な回復はありえないのです。

しかも、アメリカのトランプ前政権が煽った米中対立をバイデン政権も引き継いでおり、経済規模で世界1位のアメリカと世界2位の中国とは目下対立関係に陥っています。

グローバル経済の回復には米中対立の緩和が大きく寄与するわけですが、緩和が難しくなっているのは経済面だけでなく政治面の対立があるためです。バイデン政権は、中国による香港や新疆ウイグル自治区での人権弾圧をトランプ前政権以上に強く批判しています。人権面での米中対立はバイデン政権になってより激しくなってきたともいえるでしょう。

ただし、アメリカについても今回の大統領選挙を通じて国内の分裂が先鋭化してきているのは確かです。そもそも民主党の有力な国会議員たちが中国からさまざまな便宜を図ってもらってきたという事実もあります。こうした点がやはりアメリカの弱みになっていて、その弱みを中国が突いていくと、米中対立で中国が優位に立てる可能性はあるでしょう。

ところで、三菱UFJモルガン・スタンレー証券景気循環研究所長の嶋中雄二氏が、国際政治学などで覇権国家交代の循環を説明するツールとしても活用されるコンドラチェフ・サイクル（長期波動）に基づいて国別に推計したところ、アメリカの長期波動の平均周期は52年、中国は72年、インドは54年となりました。

この前提で、嶋中氏は以下のように予想しています。

◎2030年には中国の名目GDPがアメリカを上回るが、そこからデッドヒートとなり、2030年を境に人口が減少する中国を2040年にはアメリカが再逆転する。アメリカは2034年からのコンドラチェフ・サイクルの下降局面に入り、2050年に中国がGDPでアメリカを再々逆転する。

◎いっぽう、人口でインドは2030年までには中国を超え、2050年には中国を3億人程度上回る16・6億人となる。インドはコンドラチェフ・サイクルの下降にもかかわらず高成長を続け、サイクルが2032年を大底にして上昇に転ずると成長ペースが加速しGDPで米中両国を上回って世界の首位となる。

## 長期的に見ると米中の戦いは中国の勝ちなのか？

嶋中氏の予想では２０５０年の首位はアメリカでも中国でもなくインドだということですが、インドと中国を比べると政治面での最大の違いはインドが民主国家なのに対し中国は中央集権の社会主義国家ということです。つまり、中国は非民主的な政治を採用しています。

かつて計画経済の下で経済が壊滅状態にあった中国では、共産党が１９７８年12月に「改革開放」を決定し、これで外国との間で人材・物品・資金が自由に動くようになって外国の資本・技術・経営管理の知識が中国に流入したのでした。

それらが中国の安い労働力と結び付いて中国の工業生産力が急増し、輸出も拡大して外貨準備も増え、雇用や税収も増加して飛躍的な経済成長を遂げることができたのです。中国のＧＤＰは40年間で２２０倍も拡大したのでした。

では、そうした結果を引き寄せた要因は何なのかというと、共産党が国内の民間企業や国民に自由にビジネスをやらせたからです。つまり、改革開放は計画経済から中国の民間企業や国民を解き放ったのですが、これは共産党が資本主義市場経済を喜んで受け入れたということでもあります。

今や中国の民間企業は2700万社を突破し、GDPの6割、雇用の8割を担うようになりました。現在の中国経済を引っ張っているのはアリババ集団、テンセント、ファーウェイなど中国政府から援助を受けていない民間企業なのです。対して、共産党の指導によって経営されてきた国有企業のほとんどが巨額の債務で苦しんでいます。

ところが、最近になって共産党はアリババ集団やテンセントなどの大手民間企業の経営への介入を始めました。共産党が資本主義市場経済に水を差しているのです。ほかの民主国家はかねてから、共産党が非民主的な政治と資本主義市場経済とをずっと両立させていくことができるのかと訝《いぶか》しく思ってきました。資本主義市場経済では、企業や個人が自らの利益を追求するために自由にビジネスを行い、計画経済のようにビジネスのやり方を指図されることはありません。

改革開放はもともと計画経済の失敗の穴埋めをすると同時に経済成長を図るために

行われたのです。共産党が民間のビジネスに介入するというのは計画経済へのあと戻りにほかなりません。

計画経済は中国経済を再び壊滅状態に追い込むはずです。中国経済が壊滅すれば米中対立では、いうまでもなくアメリカが勝者となります。

その意味から、米中対立の行方は中国国内の資本主義市場経済がどうなるのかということときわめて密接に関連しているといえるでしょう。

付録

# 2021年秋までに私が注目する銘柄

# 野村ホールディングス株式会社

8604　証券業　東証１部　現在 **596** 円（2021/4/6）

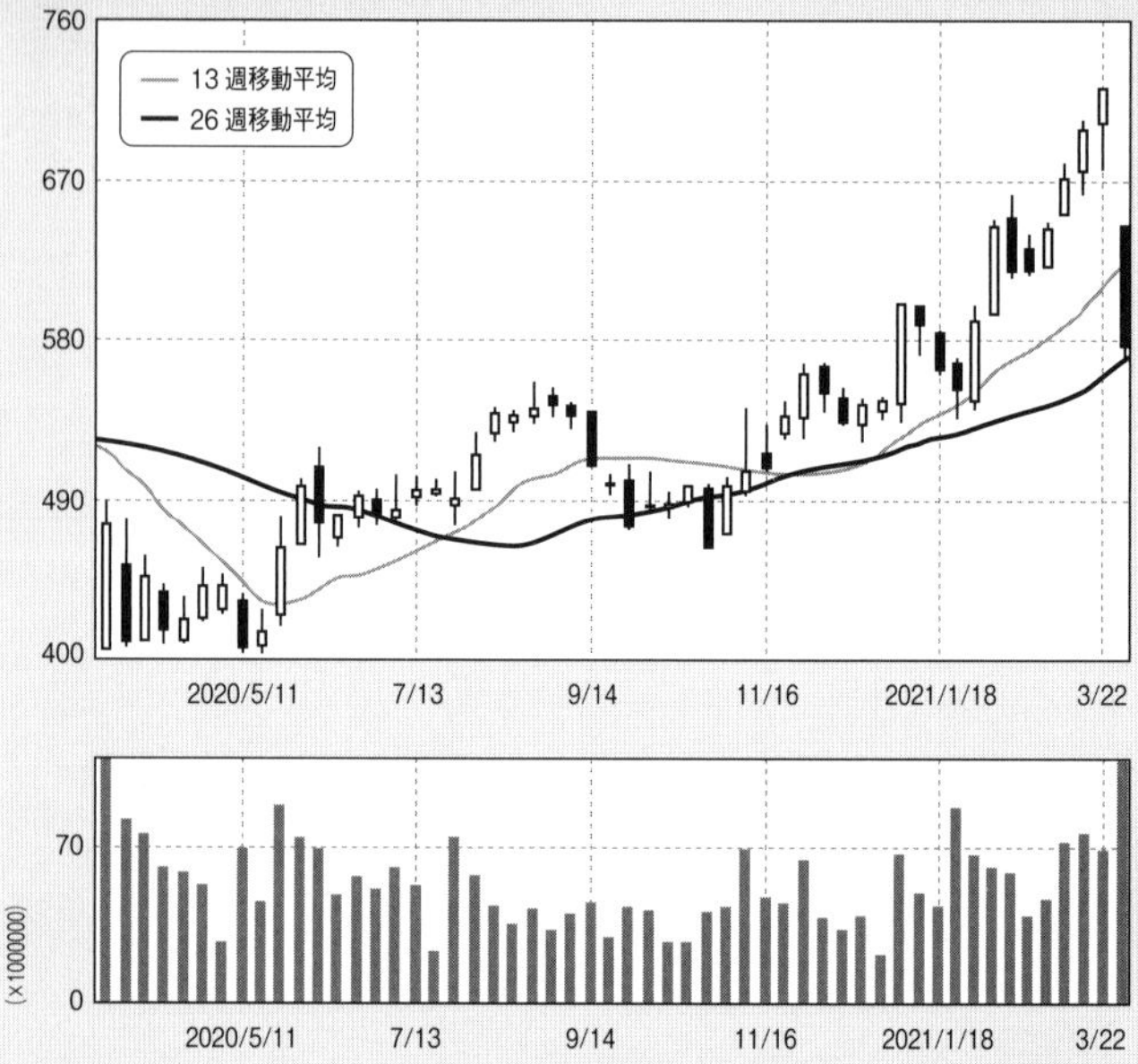


野村 HD は 3 月 29 日、米投資会社との取引に関連し約 20 億ドルの損失を出す恐れがあると発表しました。そのため株価は東京株式市場で一時 17% も下落したのですが、野村の 2020 年 4 月～ 12 月期の連結純利益は前年同期比 23% 増の 3085 億円です。「災害に売りなし」という言葉がある通り、野村はこれから反騰してもおかしくはありません。

# 株式会社日立製作所

6501　電気機器　東証１部　現在 4,939 円 (2021/4/6)

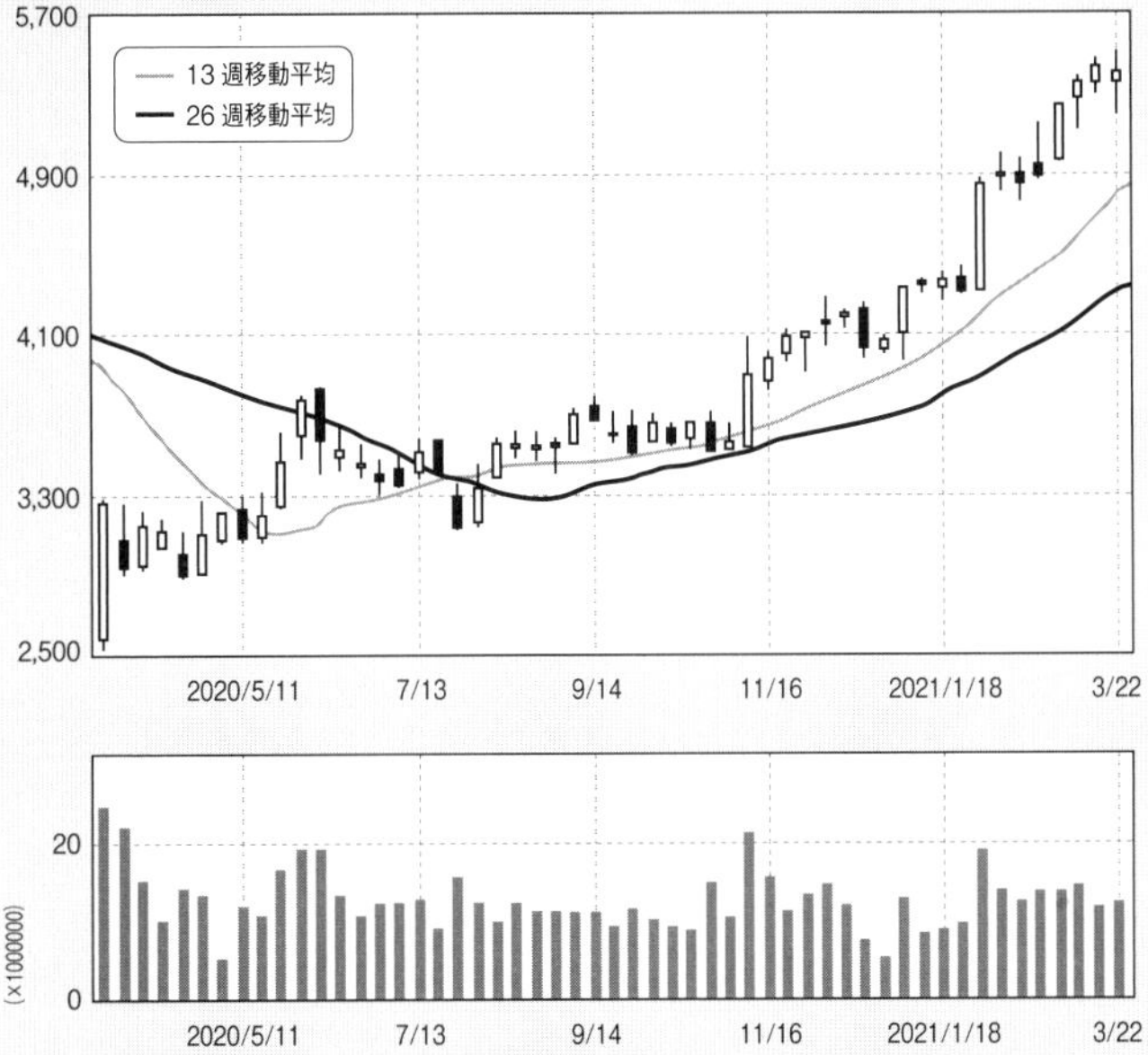


電機業界で過去最大級の約１兆円を投じ、世界の企業約４０0社にDX支援のシステムを提供するアメリカの大手IT企業グローバルロジックの買収を決めました。もともと家電から産業向け機械までを扱う大手製造業としての強みを持っています。それに加え、今回の買収でIT企業への転換を目指すことにより５G時代の主役に躍り出たともいえます。

# ソフトバンク株式会社

9434　情報・通信　東証１部　現在 **1,418.5** 円 (2021/4/6)

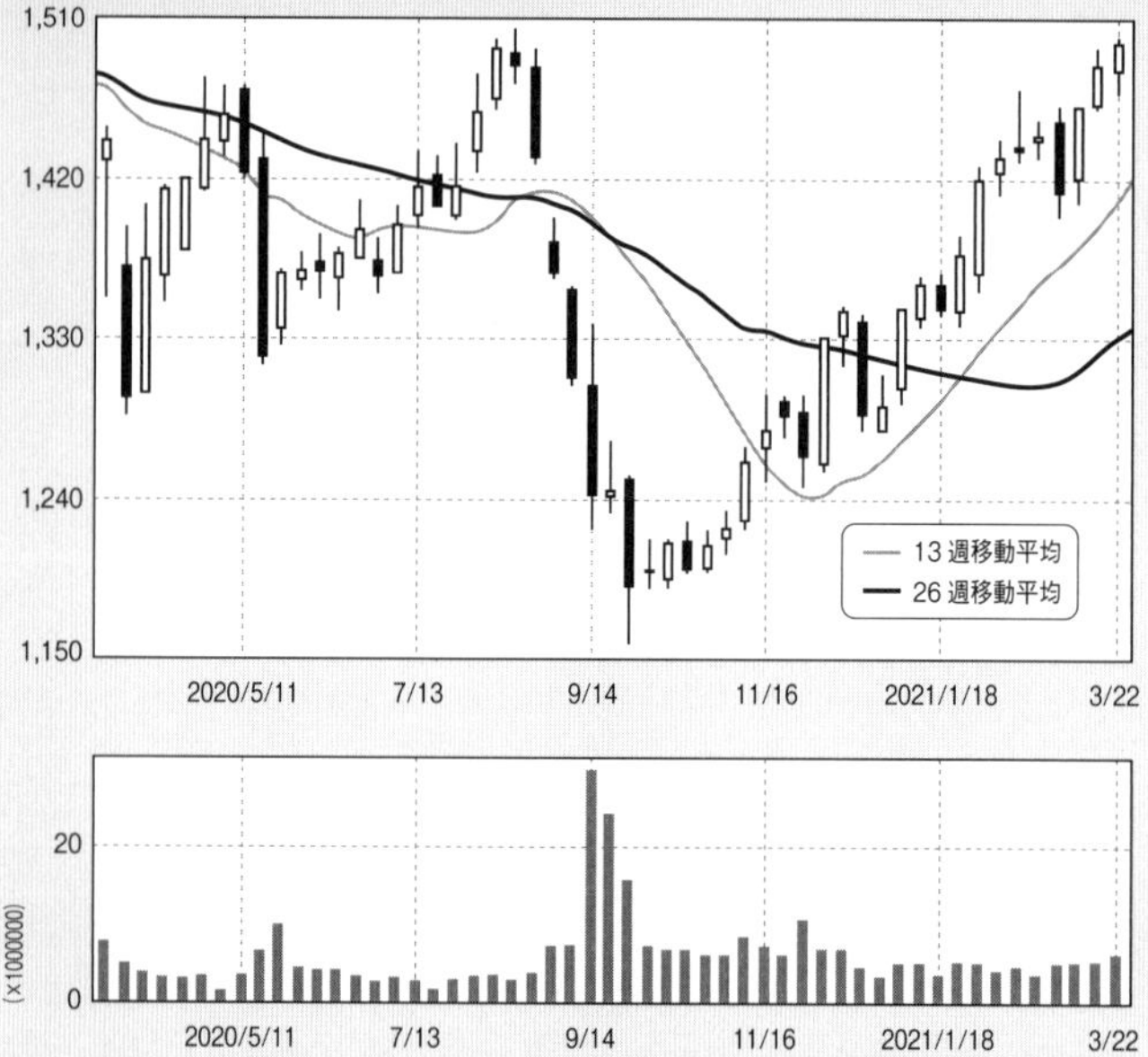


テレワークと巣ごもり需要で通信需要が増え、衣料品通販サイトのZOZOを買収した子会社ヤフーの通販も好調です。５Gでは５年間で約20万の基地局を整備して国内トップを目指し、次世代の６G構築などにも10年間で２・２兆円を投資する計画です。６・０%という高配当利回りも大きな魅力で、目下右肩上がりの株価は上場来高値に迫りつつあります。

# タカラバイオ株式会社

4974　化学　東証1部　現在 **2,915** 円 (2021/4/6)

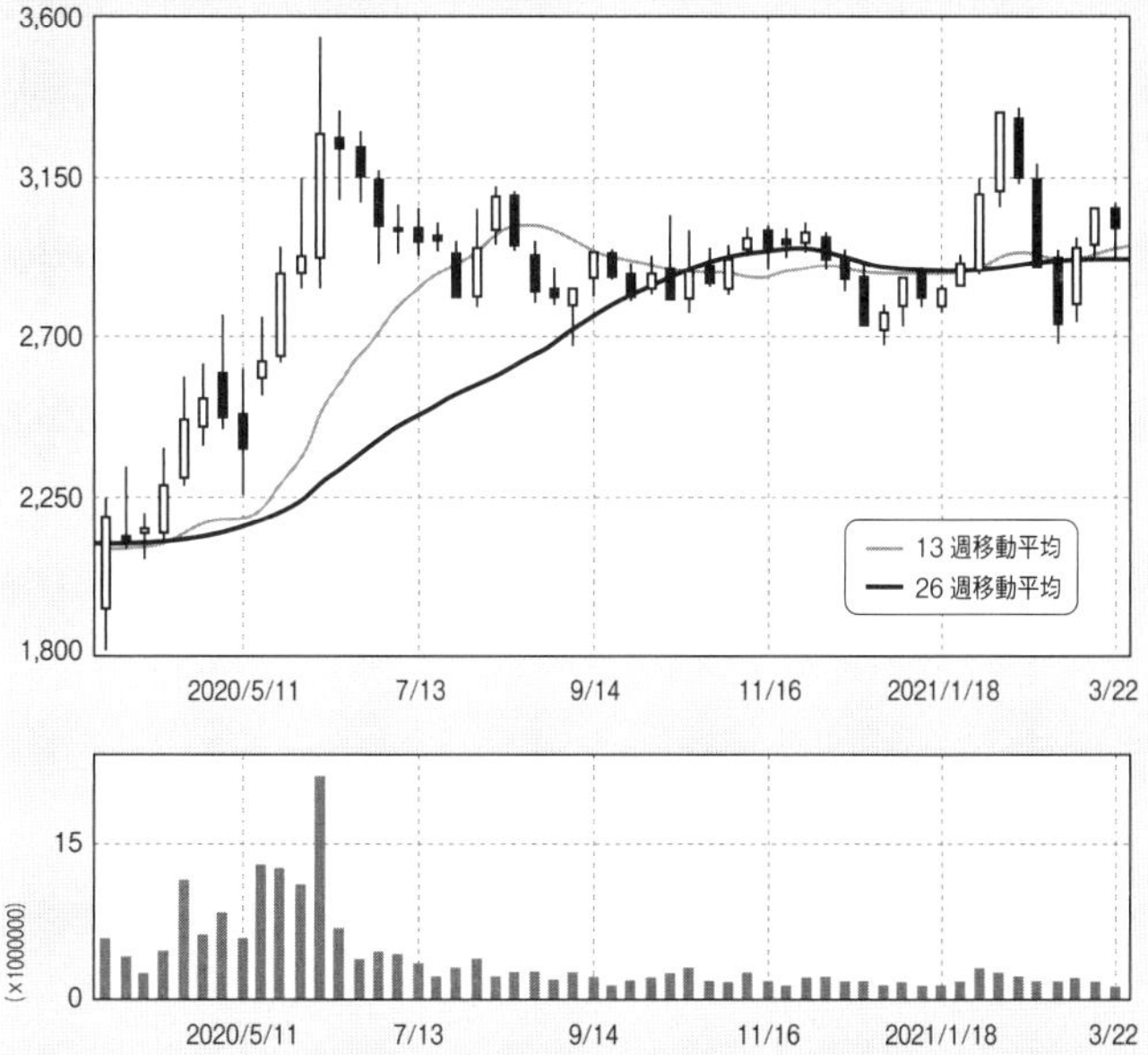


遺伝子治療薬、再生医療の研究試薬、理化学機器の販売などを事業の柱とする宝ホールディングスの子会社。新型コロナ関連では国内最大手のPOR試薬メーカーで、PCR試薬の販売急増により2021年3月期は経常利益が過去最高の81億円を見込んでいます。また、遺伝子改変のウイルスによる癌治療薬の開発にも全力で取り組んでいく方針です。

# ウォルト・ディズニー

DIS　サービス　NYSE　現在 188.50 ドル (2021/4/6)

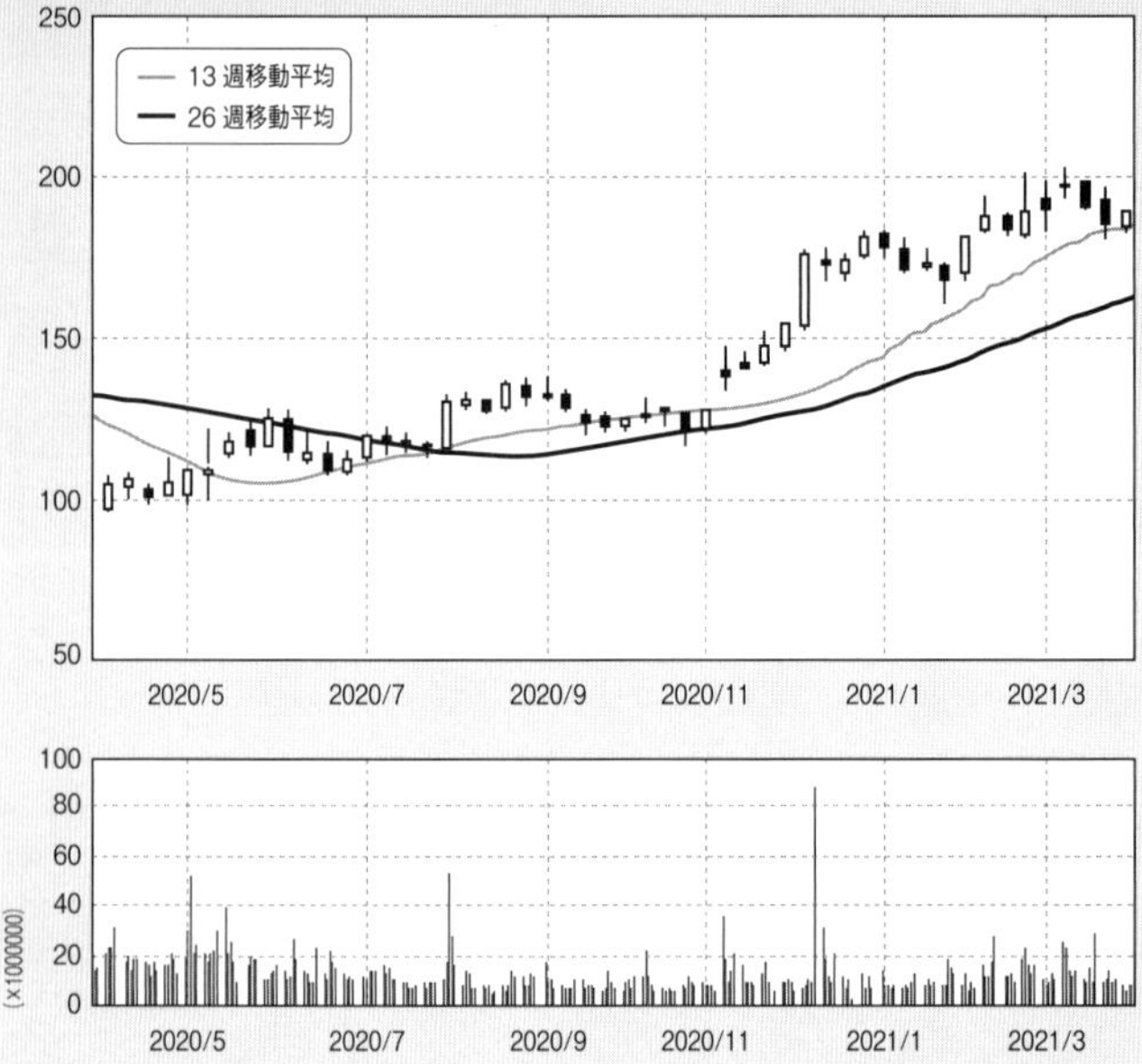


60カ国以上で提供する動画配信サービス「ディズニープラス」の有料会員数は2019年11月のスタートから1年4カ月で1億万人を突破しました。家族向けの息の長い作品を多数揃えるなど人気コンテンツの豊富さで確実・安定した収益増が望める事業です。今後はコロナ禍で落ち込んだ映画やテーマパークのペントアップ・デマンドも期待できます。

〈著者プロフィール〉

**今井 澂（Imai Kiyoshi）**

国際エコノミスト。マネードクター。

1935年東京生まれ。浦和高校、慶應義塾大学経済学部卒業後、山一證券入社。山一證券経済研究所、山一投資顧問を経て、日本債券信用銀行顧問に転職。「証券から銀行へのめずらしい転職」として脚光を浴びると、英国との合併会社である日債銀ガートモア会長、日債銀投資顧問専務、慶應義塾大学商学部講師、白鷗大学経営学部教授などを歴任。証券と銀行の両業務を経験、一貫して「情報」と「市場の資産運用」をつなげる仕事に携わる。また、世界で初のヘッジファンドについての書籍を執筆、日本で初めてヘッジファンドを買った人物としても知られる。

TBS「サンデーモーニング」、テレビ朝日「サンデープロジェクト」、テレビ東京「ワールドビジネスサテライト」などの番組で活躍、自身の名を冠した「今井澂の美女とヤジ馬」は好評を博し長寿番組に。現在も、講演を年間80回以上行うなど、活発に活動。公益財団法人年金シニアプラン総合研究機構理事、NPO法人金融知力普及協会理事を務める。
◎主な著書に『シェールガス革命で復活するアメリカと日本』（岩波出版サービスセンター）、『経済大動乱下！ 定年後の生活を守る方法』（中経出版）、『日本株「超」強気論』（毎日新聞社）、『米中の新冷戦時代 漁夫の利を得る日本株』『2020の危機 勝つ株・負ける株』『2021 コロナ危機にチャンスをつかむ日本株』（以上、フォレスト出版）などがある。本書は47冊目の著書となる。

**◆今井澂 公式ウェブサイト　http://kiyoshi-imai.cocolog-nifty.com/**

〈編集協力〉尾崎晴朗
〈装丁〉竹内雄二
〈DTP・図版作成〉沖浦康彦

**日経平均4万円時代 最強株に投資せよ！**

2021年5月13日　　初版発行

著　者　今井　澂
発行者　太田　宏
発行所　フォレスト出版株式会社
〒162-0824 東京都新宿区揚場町2-18　白宝ビル5F
電話　03-5229-5750（営業）
03-5229-5757（編集）
URL　http://www.forestpub.co.jp

印刷・製本　萩原印刷株式会社


ISBN978-4-86680-082-0　Printed in Japan